LE SAGITTAIRE

SAGI TARI US

Michèle Curcio

Les Signes du Zodiaque

Le Sagittaire

Tchou
6, rue du Mail-Paris

Frontispice :
Liber Astrologiae. *Manuscrit latin du XIVe siècle.*

ISBN 2-7107.0105.7

SOMMAIRE

Première partie

Deuxième partie

Troisième partie

Le Martyre de saint Sébastien *(détail), par Memling.*
École flamande, XVe siècle (musée de Bruxelles).

Première partie

Chapitre I

C'est écrit dans le ciel, lisez avec nous

« Je voudrais devenir
un de ceux-là qui passent dans la nuit
sur des chevaux sauvages. »
RAINER MARIA RILKE.

Lorsque le chœur de l'automne a chanté sa chanson triste, lorsque le vent d'hiver commence à gémir dans les sapinières et à hurler sous les portes des maisons, lorsque les petits enfants murmurent des phrases où il est question de Noël, alors la Nature s'enferme pour de longues semaines dans une froidure mélancolique, d'autant plus douloureuse qu'elle ne fait que commencer.

Les animaux ont entamé leur longue période d'hibernation.

La vieille peur ancestrale des jours froids est encore parfois en nous. Elle tend pourtant à s'effacer. Mais le monde des végétaux mène une vie très ralentie et le monde des animaux se tient tranquille. Les uns sont partis sous des cieux plus cléments : ce sont les oiseaux migrateurs; les autres ont accumulé des provisions dans leurs abris dont ils comptent bien ne pas sortir avant le printemps; d'autres encore décident simplement de s'endormir en attendant que revienne un temps plus clément. Ils économisent en eux les forces qui restent en éveil pour lutter contre le mal terrible que nous fait l'éloignement du Soleil.

Du 22 novembre au 20 décembre, le Soleil se lèvera chaque matin devant la constellation du Sagittaire. Placés sous l'influence du signe zodiacal du Sagittaire, les natifs de cette période seront marqués par l'automne, témoin de leur naissance. La période dite du Sagittaire, du 22 novembre au 20 décembre, voit le Soleil se lever entre le 240e et le 270e degré de longitude ; le degré zéro, point vernal, ou point gamma, est l'équinoxe de printemps, moment précis où le cercle de l'écliptique (course apparente du Soleil autour de la Terre) coupe l'équateur céleste, projection de l'équateur terrestre dans le ciel.

Le Zodiaque est comme une ceinture entourant la terre. Il portait dans l'Antiquité le gracieux nom de *ceinture d'Eurydice*.

Cette ceinture étroite est déterminée par un angle exprimé en degrés et mesuré théoriquement du centre de la Terre : cet angle mesure 17°, c'est-à-dire que, si un cercle coupait cette zone perpendiculairement, l'arc de cercle compris entre les bords supérieur et inférieur de la zone serait de 17°.

Immédiatement après l'équinoxe de printemps, le Soleil se lève dans le signe du Bélier, puis, successivement, il paraîtra dans les zones des onze autres signes :

Bélier, de 0 à 30°, du 21 mars au 20 avril ;
Taureau, de 30 à 60°, du 21 avril au 20 mai ;
Gémeaux, de 60 à 90°, du 21 mai au 21 juin ;
Cancer, de 90 à 120°, du 22 juin au 22 juillet ;
Lion, de 120 à 150°, du 23 juillet au 22 août ;
Vierge, de 150 à 180°, du 23 août au 22 septembre ;
Balance, de 180 à 210°, du 23 septembre au 22 octobre ;
Scorpion, de 210 à 240°, du 23 octobre au 21 novembre ;
Sagittaire, de 240 à 270°, du 22 novembre au 20 décembre ;
Capricorne, de 270 à 300°, du 21 décembre au 19 janvier ;

Verseau, de 300 à 330°, du 20 janvier au 18 février ;
Poissons, de 330 à 360°, du 19 février au 20 mars.

Le ciel des astrologues

Le ciel, toujours admirable et changeant, reste un émerveillement et une immensité qui nous donne la mesure de notre importance ; nous ne sommes pas capables d'en imaginer les dimensions. Nous nous en tirons en utilisant le mot « infini ». Mais que représente ce mot ? Il est pour nous un concept, dénué d'affectivité, que nous ne percevons pas intimement, mais que nous acceptons.

Autrefois, de grands esprits, comme Kepler et Newton, s'intéressèrent autant à l'astrologie qu'à l'astronomie. Héritiers des courants rationaliste et scientifique du siècle dernier, les esprits scientifiques d'aujourd'hui n'admettent plus l'Astrologie. Cette attitude n'est que la conséquence d'une erreur d'interprétation : l'Astrologie n'est pas une prédiction : elle demeure l'étude de l'influence des planètes et de la saison de la naissance sur la vie de l'homme. Deux évidences.

Le ciel des astrologues est le même que celui des astronomes, à cette différence près : le ciel des astronomes est considéré par eux, théoriquement, comme s'ils le voyaient d'une planète extérieure à notre galaxie, alors que le ciel des astrologues est dépeint vu de la Terre. Un astrologue vous parlera tout naturellement du déplacement du Soleil autour de la Terre, alors que vous avez appris depuis votre tendre enfance que le Soleil est fixe et que la Terre tourne autour ; Galilée, d'illustre mémoire, se donna beaucoup de mal à ce propos. L'Astrologie, n'étudiant le ciel que pour son influence sur ce qui vit sur Terre, trouve plus simple et plus naturel de garder la Terre comme référence pour se rendre plus facilement compte des mouvements respectifs du Soleil, de la Lune et des planètes.

Souvenons-nous donc de cette particularité. C'est ainsi que nous imaginerons désormais l'observateur et le firmament.

La même étrangeté apparaît dans le mouvement des planètes : comme elles ne se déplacent pas toutes à la même vitesse et que, de la Terre, nous ne pouvons pas nous en rendre compte, on parle quelquefois, en Astrologie, de « rétrogradation », ce qui laisse penser qu'une planète peut «reculer » dans le ciel. Les planètes vont en fait toujours dans le même sens, mais nous ne les voyons que la nuit ; si leur course est suffisamment rapide, nous avons l'impression qu'elles ont reculé pendant la journée, pendant que la lumière du Soleil nous empêchait de les observer.

Enfin, si l'on doute que les planères puissent nous influencer, qu'on veuille bien se souvenir que toute vie terrestre est soumise à l'influence du Soleil et de la Lune ; que, d'autre part, les galaxies, le Soleil, et toutes les planètes font partie d'un système où chaque élément influence l'autre ; il faudrait que la Terre soit une exception dans l'Univers pour ne pas être soumise à l'interaction des planètes.

Ces planètes, dit-on parfois, ne peuvent influer sur les individus ; or, nous sommes dans le système qui constitue la vie sur la planète Terre. Pourquoi serions-nous seuls, dans ce système terrestre, à ne pas subir les influences planétaires.

Mais revenons sur terre et parlons du Soleil. Il parcourt toujours le ciel suivant une piste presque circulaire appelée écliptique. Les astrologues déclarent l'écliptique circulaire pour simplifier les représentations. Sur l'écliptique, un point est déclaré fixe : le point vernal.

La sphère céleste d'après Ptolémée. Gravure sur bois.
Allemagne, XVIe siècle.

L'équateur céleste et les équinoxes

Le firmament nocturne est comme l'intérieur d'une très grosse sphère creuse au centre de laquelle se trouverait suspendue notre planète Terre. La Terre est partagée en deux hémisphères (nord et sud), par une ligne appelée équateur. Imaginons que cette ligne soit projetée sur le firmament, d'apparence sphérique, qui nous entoure : c'est l'équateur céleste.

Les plans de l'écliptique et de l'équateur terrestre se coupent en deux points. Ces points sont fixes, ils peuvent servir de base aux observations. Ce sont les équinoxes : équinoxe de printemps, piont gamma, ou point vernal; équinoxe d'automne. Le Soleil se lève en ces points respectivement les 21 mars et 23 septembre de chaque année.

Les constellations et les hommes

En étudiant de la Terre les divers parcours effectués dans le ciel par les planètes du système solaire, on s'est aperçu qu'elles se déplaçaient à l'intérieur de la bande appelée Zodiaque ou, jadis, ceinture d'Eurydice. Cette bande est divisée en douze secteurs. Ce sont les planètes du système solaire qui, ne se déplaçant pas hors d'un certain espace (toujours le même), ont ellesmêmes délimité la bande zodiacale, de part et d'autre de l'équateur céleste qui la partage en deux, longitudinalement.

Le déplacement des planètes s'effectue dans cette zone, mais à des vitesses différentes, ce qui modifie la position respective des planètes : tantôt elles se rapprochent les unes des autres, tantôt elles s'éloignent. Ainsi l'aspect du ciel varie-t-il à tout instant.

La ceinture zodiacale, pour être étudiée, a été divisée en douze secteurs égaux. Il a fallu désigner ces secteurs pour les distinguer. A l'arrière du Zodiaque se trouvaient des amas d'étoiles hors du sytème solaire, mais visibles comme un fond de décor ; on a appelé ces groupes constellations ; en fait, elles sont peut-être formées d'étoiles et de planètes très éloignées les unes des autres. Et on a donné les mêmes noms aux secteurs correspondants du Zodiaque.

Pour comprendre les expressions utilisées par les astrologues, il faut savoir ce que veut dire la phrase : « Le Soleil se lève dans le Scorpion » (ou tout autre signe du Zodiaque).

Dans le firmament nocturne, les constellations sont visibles, puisque les étoiles brillent. Ces constellations n'occupent pas toujours la même place par rapport à des repères terrestres : un sommet, un clocher, etc. Or, supposez qu'un observateur ait choisi une de ces constellations pour l'étudier. Chaque nuit, il la voit dans une partie différente du ciel; et, de plus, au cours de la nuit, elle se déplace dans le ciel. Au moment où le Soleil s'annonce par une faible lueur à l'est, il y a une constellation à ce même endroit. Les premiers rayons du Soleil sont trop intenses pour que nous puissions encore voir les étoiles ; mais nous savons de quelle constellation il s'agit. Si c'est, par exemple, le Scorpion, on simplifie en disant : « Le Soleil se lève dans le Scorpion. » Si c'est le Sagittaire, on dit : « Il se lève dans le Sagittaire. » Les noms des constellations ayant servi à désigner les secteurs du Zodiaque, cela veut dire que le Soleil se lève dans le secteur appelé Scorpion, ou dans celui appelé Sagittaire. Le Soleil se lève pendant trente jours de suite dans chaque signe du Zodiaque.

Certains critiques de l'Astrologie allèguent que tout le système est faussé par un mouvement supplémentaire imprévu que l'on appelle « précession des équinoxes ». Je l'ai expliqué dans les deux premiers volumes de cette série sur l'interprétation de votre signe. Il demeure certain que, selon la position respective des astres à l'instant de sa naissance, on a une psychologie particulière.

Les statistiques démontrent que les personnes nées sous le même signe du Zodiaque ont approximativement, et à quelques nuances près, le même caractère; que ce caractère a servi, dans la haute Antiquité, à désigner un symbole qui est devenu le nom de la constellation et du secteur zodiacal, donc du signe considéré.

Pour l'interprétation de chaque signe, on s'appuie d'abord sur les données de base de l'Astrologie et ensuite sur le symbolisme traditionnel du signe, symbolisme repris par la mythologie grecque ainsi que par d'autres traditions; mais nous aimons donner la préférence à la culture méditerranéenne, car c'est elle qui a eu la plus grande influence sur le monde occidental.

Ajoutons que ces commentaires ne sont valables que pour l'hémisphère boréal de notre Terre. En effet, on peut douter que des gens naissant dans l'hémisphère austral en plein hiver aient un caractère psychologique semblable à ceux qui naissent chez nous au milieu de l'été. Toutefois, la notion des types du Zodiaque existe depuis si longtemps que ces données sont devenues des archétypes; d'autre part, les habitants de l'hémisphère austral viennent de l'hémisphère boréal et leur émigration est récente par rapport à l'histoire de l'humanité ! Il n'y a donc pas lieu de tenir compte de ces différences, et cela d'autant plus que les influences planétaires restent les mêmes.

Le symbolisme du Zodiaque leur est donc applicable. Quel est donc ce symbolisme et que peut-il nous apporter ? C'est ce que nous verrons dans le chapitre suivant.

La tradition astrologique

Aussi haut que l'on remonte dans l'Histoire, les grands personnages ont cru à l'Astrologie et, dans la mesure du possible, aux conseils de leurs astrologues, pour leurs principales entreprises.

Astronomes et astrologues. Miniature du psautier de Saint Louis, XIIIe siècle.

Les premiers astrologues, qui vivaient en Chaldée, puis les Assyriens et les Babyloniens considéraient les astres avec un grand respect; ils leur attribuaient une puissance quasi divine.

Cela ne se limitait pas à un quelconque polythéisme, où les étoiles seraient des dieux et des déesses; cela s'étendait à l'application d'une philosophie assez élevée, conçue par de grands esprits. Ils disaient que les astres avaient une influence sur les destinées humaines; on le dit encore. Saint Thomas d'Aquin n'a-t-il pas écrit : « Les corps célestes sont la cause de tout ce qui arrive dans le monde sublunaire ? »

De nos jours, l'Astrologie semble avoir perdu sa valeur philosophique et le public ne montre d'intérêt que pour l'horoscope, c'est-à-dire la prévision du destin individuel selon le signe zodiacal de la naissance.

« L'Astrologie, a écrit René Berthelet, est l'aspect qu'a pris en Chaldée l'idée astrobiologique et c'est la Chaldée qui est la patrie originaire de nos astrologues. » Il précise que les textes principaux qui ont servi de base aux astrologues des temps modernes datent d'une période s'étendant du VIIIe siècle au IIe siècle avant Jésus-Christ.

On trouve dans les écrits de Tycho-Brahé, illustre astronome et astrologue, cette belle phrase : « La structure du corps humain est si analogue aux propriétés des sept planètes que la nature répète en petit les grandes opérations qu'elle exécute dans l'espace où elle fait mouvoir les planètes. »

Mais considérons particulièrement le neuvième signe du Zodiaque, puisque ce volume est une étude du Sagittaire.

Le signe du Sagittaire est lié primitivement à la constellation du même nom, « Sagittarius », dont fait partie la brillante étoile Antarès. Le symbole de ce signe est un centaure, animal légendaire fait d'un buste d'homme sur un corps de cheval ; ce centaure tient dans ses mains un arc tendu dont il se prépare à lancer la flèche.

Homme-cheval : nous aurons plus loin à considérer le caractère double du signe. Au premier coup d'œil, on constate l'opposition très remarquable existant entre les quatre sabots de l'animal fermement posés sur le sol et le geste de lancer une flèche dans l'air, opposition sur laquelle se basera en grande partie l'interprétation du signe du Sagittaire, du mot *sagitta*, flèche.

Si la flèche est une arme pour l'homme, donc un accroissement de sa force, le cheval l'est également par la vitesse qu'il représente.

Pourquoi cette représentation de la force ?

Le centaure du Sagittaire

La planète Jupiter, symbole de la puissance, gouverne ce signe. Dans son commentaire sur le Sagittaire, André Barbault a dit : « Le cheval est à l'homme ce que l'arc est à la flèche. »

Le centaure est-il le symbole de la nature animale et spirituelle ? En fait, non pas n'importe quel centaure, mais celui qui représente le Sagittaire.

Dans les cycles parallèles du déroulement du Zodiaque et des saisons, faut-il chercher dans quelle ligne s'installe le Sagittaire, au commencement de l'hiver ?

Lorsqu'on étudie le signe du Scorpion, on ne manque pas de souligner le caractère dramatique de l'époque où il se place : le commencement de l'automne, avec, en particulier, la communication entre morts et vivants, le 2 novembre. Quel est ce message laissé par le Scorpion, qui réveille l'énergie piaffante du Sagittaire ?

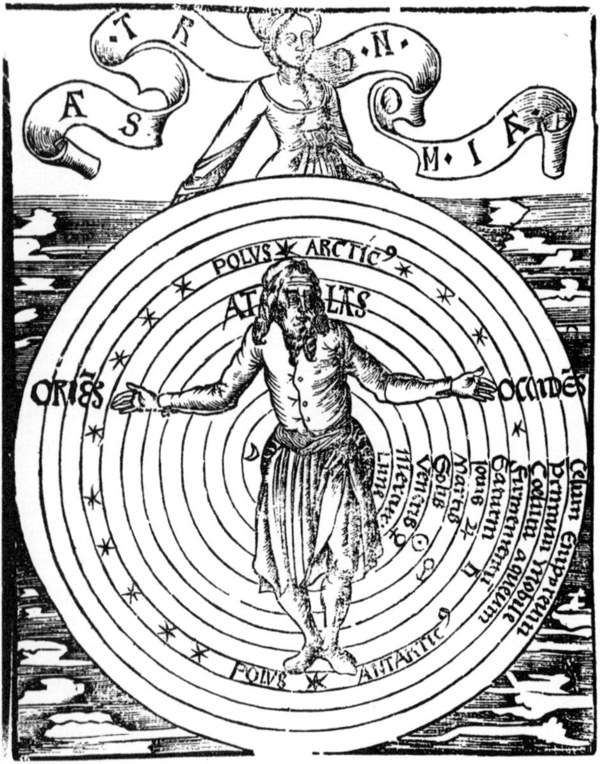

Atlas et les planètes.
Gravure pour la Margaritha Philosophica *de Reisch, 1535.*

Un message et une flèche

Le Zodiaque, qui compte douze signes, en a trois pour chaque saison. Pour le printemps, il a le Bélier, le Taureau et les Gémeaux ; pour l'été, il a le Cancer, le Lion et la Vierge ; pour l'automne, il a la Balance, le Scorpion et le Sagittaire ; enfin, pour l'hiver : le Capricorne, le Verseau et les Poissons.

Le Sagittaire est donc le troisième signe de l'automne. Avant le grand silence hivernal, semble-t-il, le Scorpion a laissé au Sagittaire un message d'espoir pour faciliter à tout ce qui vit le passage des mois difficiles de l'hiver.

La flèche, symbole d'un élan extériorisé, pourrait expliquer ceci : le Scorpion parlait d'épreuves et de sacrifices ; le Sagittaire annonce que ces épreuves et ces sacrifices porteront leur fruit. La flèche est aussi un trait d'union; elle franchit l'espace et elle unit le passé à l'avenir. Et, pour mieux saisir la signification du Zodiaque dans son ensemble, nous dirons aussi que la place du Sagittaire et son symbole ne pouvaient pas manquer de venir très exactement au neuvième rang, entre l'automne et l'hiver.

D'autre part, le fait que cette flèche soit lancée dans l'espace infini, et non sur un but précis, symbolise les quêtes ésotériques, le destin de celui qui cherche, le pèlerin, le croisé, l'explorateur; ils sont lancés vers l'infini, eux aussi.

Il est possible que le signe du Scorpion ait clos une certaine forme de vie; il est possible que l'esprit trouve désormais la possibilité de s'élancer à travers les airs pour rechercher des vérités qu'enfin l'homme aura le temps d'étudier, d'admettre et de comprendre pendant l'hiver, saison d'immobilité et de méditation.

Pendant le déroulement du premier tiers du Zodiaque, c'est-à-dire des quatre premiers signes (Bélier, Taureau, Gémeaux, Cancer), on avait assisté à la montée d'une force dynamique; pendant le second

tiers, tout semble s'arrêter sur un sommet (Lion, Vierge, Balance et Scorpion) et pendant le troisième tiers (Sagittaire, Capricorne, Verseau et Poissons), contrairement à ce qu'on eût pu attendre, la ligne ne redescend pas : elle va plus loin encore, après le Scorpion, et l'horizon s'élargit avec les quatre derniers signes beaucoup plus tournés vers des notions humaines, universelles et cosmiques. L'individu en sera influencé. Au contraire, le Bélier contracte à nouveau cette force dilatée, la rassemble en un seul faisceau capable une fois encore de donner le départ à un nouveau cycle.

Les foudres de Jupiter.

Constellation du Sagittaire. Atlas céleste du XVIIIe siècle.

Chapitre II

L'Homme-cheval avec ses flèches

Maintenant que nous avons situé le Sagittaire dans le ciel, nous pouvons nous en rapprocher afin de l'observer en détail.

Mais interrogeons d'abord la mythologie grecque. Le signe qui marque cette période des premiers froids est donc nommé Sagittaire et c'est la figure mythologique du centaure dont la partie inférieure du corps est cheval, et la partie supérieure homme. Cette créature imaginaire est toujours représentée munie d'un arc bandé avec sa flèche prête à voler dans l'air. Un sagittaire est un archer.

Symbolisme du centaure

On eût pu représenter ce signe par un archer humain. Nous voudrions déterminer ce qui a poussé les Anciens à lui donner la forme d'un centaure. Les quatre sabots du cheval reposent sur la terre où ils puisent leur force, leur stabilité, leur fixité. L'homme n'est jamais entièrement détaché de l'animalité, qui fait sa force physique et aussi une partie de son esprit logique : matérialité et aussi matérialisme.

Nous ne pouvons pas vivre sans nous reporter à la terre, à la matière, à ces valeurs concrètes grâce auxquelles nous disposons de nos cinq sens et de notre faculté de penser; quatre pieds au moins nous lient au sol dont nous sommes issus et nous empêchent de nous évader dans des conceptions nébuleuses et déformées qui nous plongeraient dans le délire. Sans une conception pratique de l'existence, notre raisonnement ne tarderait pas à perdre ses bases, sa rectitude, son plan directeur, pour devenir rêverie sans objet. C'est cet aspect matériel et animal de notre être que nous montre le Sagittaire, ses quatre pieds en contact avec le sol. Appui plus solide et équilibré que nos deux pieds. Le Sagittaire peut ainsi se laisser aller à la méditation.

L'individu qui voudrait se consacrer uniquement à la pensée, qu'elle soit méditation ou création, ne pourrait survivre. Si l'homme se laisse tenter par une destinée uniquement intellectuelle et psychique, s'éloignant des réalités, il perd peu à peu toute sa force physique et sa santé. Sa vie n'est plus véritablement ce qu'elle doit être. Il aura, sur le plan mental, des possibilités nouvelles, peut-être. Il arrive, en effet, qu'au sein d'une humanité normale un être apparaisse, très détaché des contingences matérielles, et se consacre à la pensée; cela peut durer quelque temps. La sous-alimentation permet de prendre de la hauteur, d'avoir des idées plus claires. Mais bientôt ces vues perdent tout but humain et ne servent qu'à inspirer une pensée inutilisable. Le véritable penseur, le philosophe, le prédicateur même savent qu'il leur a été donné un corps et qu'ils ne peuvent pas l'ignorer; il faut nourrir ce corps et toujours se souvenir qu'il ne peut s'envoler vers les espaces infinis mais, au contraire, qu'il est retenu au sol par la pesanteur. Si un ascétisme relatif aide à mettre certains dons en valeur, une ignorance totale de la matière ôte toute force de penser utilement.

Nous sommes faits de chair et de sang comme les animaux de la Terre et même si nous avons une flèche à lancer, c'est de la Terre, notre planète, qu'elle partira. Voilà ce qu'exprime la partie inférieure du corps du centaure. Et encore s'agit-il du plus noble des animaux, celui pour lequel l'homme a le plus de considération : le cheval.

Le corps d'homme s'élève vers le ciel afin de participer à l'univers spirituel, la méditation et la pensée, se préparant à lancer une flèche qui en sera l'expression agissante.

Il est donc clair que le Sagittaire, tel que le représente la tradition, est le symbole de l'union dans l'être humain de la force animale et matérielle avec la pensée abstraite.

Si l'on en croit la mythologie grecque...

Les centaures sont des êtres fabuleux appartenant au monde mythologique de la Grèce antique.

Le plus célèbre des centaures fut Chiron, fruit des amours de Cronos, frère de Zeus (lequel avait pris, pour l'occasion, la forme d'un étalon), avec une Océanide nommée Philyre, fille de Téthys, créature des mers. Chiron vécut en Thessalie, fut chasseur aux côtés de Diane et étudia l'Astrologie, ainsi que les plantes médicinales, sciences dans lesquelles il excella. Il était d'une grande habileté manuelle, d'où son nom de Chiron (*kheir,* main).

Ce centaure savant devint l'éducateur de nombreuses célébrités de la mythologie et notamment d'Achille, le héros à la course rapide. Il instruisit aussi Jason, qui se rendit célèbre par sa conquête de la Toison d'or; Chiron lui avait composé un calendrier, utilisant son art d'astrologue. Il forma également Énée et Esculape, le précurseur de la médecine.

Il existait un peuple des Centaures, parmi lesquels des êtres exceptionnels comme Chiron, mais aussi des éléments incultes et grossiers, enfants d'Ixion et de Néphélé, cette dernière déesse des Nuages et des Brumes. Ils étaient sous les ordres de Dionysos (Bacchus, chez les latins). Ce dernier décida un jour d'initier Héraclès (Hercule). Le héros se livrait alors à la capture du sanglier d'Érymanthe, l'un de ses douze travaux. Dionysos lui demanda de s'arrêter chez un centaure nommé Pholos.

Dionysos avait offert une grande quantité de vin aux Centaures pour qu'ils en fassent goûter à leur hôte, le jeune Héraclès. Mais les Centaures s'enivrèrent et refusèrent de donner de leur vin. Il en résulta une discussion qui s'envenima et devint une véritable bataille au cours de laquelle Héraclès, de sa massue, tua plusieurs centaures; il utilisa aussi quelques flèches qui avaient été empoisonnées avec le venin de l'Hydre de Lerne. Les survivants s'enfuirent.

Pour faciliter le récit, voici les douze travaux d'Héraclès ou Hercule :

– il tua le Lion de Némée;
– il tua l'Hydre de Lerne;
– il ramena vivante la biche du mont Cérynée;
– il captura le sanglier d'Érymanthe;
– il chassa les oiseaux du lac Stymphale;
– il vainquit le taureau de Crète;
– il nettoya les écuries d'Augias;
– il s'empara des cavales de Diomède;
– il alla chercher la ceinture de la reine des Amazones;
– il ramena les bœufs roux de Géryon;
– il cueillit les pommes d'or du jardin des Hespérides;
– il descendit aux Enfers et en ramena Cerbère, le chien qui gardait l'entrée.

L'utilisation des flèches empoisonnées indigna Pholos qui trouva ce combat injuste. Il n'y avait lui-même pris aucune part, mais il voulait ensevelir les morts. Arrachant de l'un des corps une flèche d'Hercule, il se piqua et en mourut.

Héraclès en éprouva un grand chagrin : il enterra pieusement Pholos sous la colline où s'était déroulée cette dramatique affaire et qui prit désormais le nom de mont Phloë.

Hercule terrassant l'hydre de Lerne. 1572.

La domination des instincts

La plupart des centaures étaient des êtres livrés à leurs instincts, comme en témoigne leur lutte contre les Lapithes, dresseurs de chevaux réputés, toujours en guerre contre le peuple des Centaures. Leur roi, cependant, à l'occasion de son mariage, voulut ignorer ces querelles et invita les Centaures aux fêtes qu'il donnait pour ses noces avec Hippodamis, fille d'Adraste, lui-même roi d'Argos. Mais les Centaures, une fois encore, s'enivrèrent. Ils ne purent refréner leurs instincts animaux et se jetèrent sur les femmes présentes à la fête. Le centaure nommé Euryte voulut enlever Hippodamis. Héraclès et Thésée, également invités, le tuèrent, puis exterminèrent la plupart des autres centaures. Les survivants, capturés, furent détenus aux îles des Sirènes où ils moururent. Quelques centaures ivres s'étaient pourtant échappés et Héraclès les poursuivit; ils se réfugièrent auprès de Chiron tandis qu'Héraclès continuait à les cribler de ses flèches. Dans le désordre de la bataille, Chiron reçut une flèche dans le genou. Le centaure divin était immortel : le venin de la flèche ne pouvait donc pas le tuer. Mais sa blessure le fit tant souffrir qu'il pria Jupiter de lui donner la faculté de mourir. Il fut exaucé et enlevé à notre monde terrestre pour se retrouver au firmament où il forma la constellation du Sagittaire...

La mythologie fait état d'un autre centaure : il s'agit de Nessus, qui causa la mort d'Héraclès.

Ayant triomphé dans un tournoi, Héraclès venait d'obtenir en prix la belle Déjanire. Il partit avec elle et avec un centaure nommé Nessus. Devant un torrent qu'il fallait franchir, Héraclès décida de passer le premier, tandis que Nessus traverserait en transportant Déjanire sur son échine robuste. Héraclès s'engagea donc dans le torrent, puis, se retournant, il vit que, derrière lui, Nessus venait de s'enfuir avec la jeune femme. Furieux, il lui envoya une de ses flèches empoisonnées. Nessus fut blessé mortellement. Il enduisit alors de son sang l'intérieur d'une tunique d'homme qu'il confia à Déjanire en lui disant :

– Si Héraclès revêt cette tunique, il deviendra follement amoureux de toi et ne te quittera jamais.

Lorsqu'ils se furent rejoints, Déjanire offrit la tunique à son époux Héraclès. Celui-ci la mit et aussitôt ressentit d'atroces brûlures. La douleur fut telle que le héros, après revêtu la peau du lion de Némée, se jeta dans un brasier.

Jupiter, le maître du Sagittaire, était l'objet d'un culte particulier à Dodone. Là, sous un très vieux chêne, il y avait des prêtres nommés Sellopi, qui donnaient des oracles d'après le bruissement des feuilles et le roucoulement des pigeons. Ils avaient pour règle de ne jamais se laver les pieds et de se coucher toujours directement sur la terre.

L'origine des Centaures nous conduit au mythe d'Ixion, fils du roi des Lapithes, Anthion. Ixion voulut épouser Clia, fille de Deionéos, promettant de nombreux présents à la fiancée. Le mariage eut lieu, mais la promesse de présents ne fut pas tenue. Le beau-père prit donc en garantie les chevaux d'Ixion. Ce dernier devint furieux.

De retour chez lui, en proie à une immense colère, il pria Deionéos de venir le voir parce qu'il voulait s'acquitter de sa promesse en lui offrant une mine d'or. Deionéos venu, Ixion le précipita dans un grand trou rempli de braises où il le laissa brûler.

Pareil crime ne rencontra aucune indulgence et Ixion fut exécré de tous. Il en souffrit et pria Jupiter de lui venir en aide. En considération de sa bravoure passée, Jupiter l'invita à la table des dieux de l'Olympe. Ixion s'enivra avec le nectar qui était la boisson des dieux. Ne se contrôlant plus, il courtisa de manière indécente Héra (que les Romains appelèrent Junon), épouse de Jupiter, à qui elle se plaignit. Jupiter bannit alors Ixion; cependant, dans un mouvement de compassion, il lui offrit Néphélé, une apparition qui prit l'aspect de Héra et avec laquelle Ixion eut pour fils les Centaures.

Interprétation du mythe

Nous n'avons pas respecté l'ordre chronologique dans l'histoire d'Ixion afin que l'essentiel et le plus significatif soient lus en premier.

Cherchons maintenant le sens de ces symboles. La mythologie grecque ne doit pas être considérée comme une religion polythéiste, mais comme l'expression imagée de la philosophie, de la métaphysique, de la sociologie grecques, présentées de façon que les personnes moins cultivées puissent aussi bénéficier de ses grandioses leçons. Ces mythes ont donc un sens.

Le Sagittaire a une signification d'ordre général : le créateur a donné à l'Homme, en le plaçant au centre de l'Univers, le moyen d'évoluer de lui-même et de déchiffrer, avec les dons qui lui ont été attribués, le sens de ses relations avec les différents plans naturels; il a le devoir de se dépasser et de découvrir la philosophie qui lui permettra de vivre pleinement, utilisant au maximum toutes les possibilités offertes.

Le premier des mythes grecs que nous avons racontés, c'est-à-dire le combat d'Héraclès contre les Centaures et la mort accidentelle de Pholos, représente l'initiation aux mystères dionysiens.

Avec le vin, l'humanité veut inventorier le monde de ses sensations. Mais, en libérant toutes les sensations, ne risque-t-on pas de libérer les instincts animaux, c'est-à-dire les plus bas ? C'est la ruée des Centaures. Il y a eu découverte brutale des possibilités sensorielles. Or toute initiation doit se faire graduellement. avec une sage mesure.

Le Mois de novembre, *par Lebrun. XVIIe siècle.*

Il eût fallu, sous le contrôle d'un initiateur (par exemple Pholos), goûter délicatement le vin et non en boire une grande quantité. Ainsi l'adolescent, à l'âge de la formation, doit-il être informé petit à petit.

La flèche faisant une blessure, soit mortelle, soit dans le second cas très douloureuse, représente l'interrogation de l'Homme devant le lien de cause à effet et son étonnement devant l'étendue des conséquences possibles d'un acte bénin. C'est aussi une allusion aux responsabilités de celui qui détient trop de puissance sans savoir la dominer. Héraclès a commis beaucoup d'erreurs dans sa carrière; il n'a pas toujours su contrôler sa force et limiter l'effet des armes qu'on lui procurait.

Il en a été, d'ailleurs, sauvagement puni avec la tunique de Nessus.

En somme, l'Homme-cheval armé de sa flèche reste le symbole d'un équilibre à établir entre la force brutale et le raffinement céleste, deux pôles dont tout excès dans un sens ou dans l'autre nous prive des bienfaits de la vie. Pour profiter pleinement des biens qui nous sont confiés, nous devons nous protéger contre notre propre animalité sans pour cela nous considérer comme des anges ou de purs esprits. Il faut boire aussi bien le vin terrestre que le nectar de l'Olympe, les deux en amateur délicat et jamais en brute assoiffée !

Le caractère astrologique du Sagittaire

Nous avons vu successivement (dans les précédents volumes) le Bélier lancer toute la force vitale printanière vers un développement dynamique, le Taureau fixer dans le sol nourricier ces richesses en germe destinées à l'accomplissement d'un cycle naturel, les Gémeaux prendre à l'air ses éléments légers et essentiels pour l'accomplissement de la fonction de vie, le

Cancer unir en lui les deux éléments qui forment le germe, le Lion, dans la gloire du plein été, accumuler les fruits de cette existence, la Vierge assumer les récoltes et leur mise en réserve, la Balance tenir l'équilibre entre la course ascendante du Soleil et sa course désormais descendante, et le Scorpion assumer la séparation entre l'aliment et le déchet, consommant les premiers, rejetant les autres. Alors, le Sagittaire, avant que l'ensemble de la Nature ne s'enferme dans les abris hivernaux, opère une projection des énergies produites par le Scorpion consommant la nourriture.

Cette somme d'énergie amassée par la Vierge et consommée par le Scorpion parvient au Sagittaire qui la projette, l'utilise, l'extériorise, la dirige vers un but. C'est le sens de la flèche. Il souhaite relier ce qui est ici à ce qui est là-bas; ce qui est à notre portée à ce qui n'est pas à notre portée. Sa flèche pourrait être comparée à l'audace de la pensée métaphysique qui se propulse à travers les infinis en quête de la seule réponse que les hommes n'aient pas encore obtenue à leur question.

On peut donc regarder le Sagittaire, avec son geste dynamique, comme un annonciateur; non pas une sorte de héraut transmettant passivement un message sans le comprendre, mais un réel précurseur, celui qui court en avant, celui qui porte son annonce en sachant ce qu'elle contient et ce qu'elle vaut. Il transporte avec lui une expression, une idée, donc une parole, un verbe.

Avant saint Jean, le Sagittaire est porteur d'une idée dynamisante semblable à une lumière, à une flamme éclairante; ce message dit de ne pas désespérer, parce que des jours meilleurs viendront. Pour nous, à l'heure actuelle, le porteur de lumière, le Précurseur, c'est Jean, et Jean, c'est à la fois la lumière et le feu.

Un signe de Feu

On ne s'étonne plus, alors, que le Sagittaire soit justement un signe de Feu. On admire la logique intérieure des choses.

Le premier signe du Zodiaque, le Bélier, était un signe de Feu. C'était le feu naissant, celui qui est source de vie. Puis nous avons rencontré le Lion, qui était aussi un signe de Feu : c'était un feu achevé, plein, ardent, le feu fixe. Le feu en sa toute-puissance, le feu du Soleil. Maintenant, nous voici en présence de la troisième forme du feu : le feu mutant, celui qui termine un cycle et qui va franchir un état pour recommencer un autre cycle, comme chaque année. Ce feu est à la fois déclin et transformation du feu individuel en feu cosmique. La descente de la matière est compensée par une montée de l'esprit.

Le soleil également descend et donne désormais sa lumière à l'hémisphère austral, mais l'un comme l'autre sont des flammes impérissables qui, transfigurées par ce passage inférieur, reviendront parfaire le cycle et recommencer le cycle suivant avec le nouveau Bélier.

Si nous voulons donner des âges aux signes du Zodiaque, nous dirons que le Bélier est le jeune homme, le Lion l'adulte dans toute sa force, et le Sagittaire le sage qui a vécu et qui prend, désormais, le temps de méditer.

Si, au lieu de grouper les signes suivant l'élément qu'ils représentent, en quatre groupes de trois : trois signes de Feu, trois signes de Terre, trois signes d'Air et trois signes d'Eau, nous les groupons par quatre, nous obtenons ce qu'on appelle les trois quadrants du Zodiaque qui sont : 1. Bélier, Taureau, Gémeaux et Cancer; ce sont les quatre signes de la formation; 2. Lion, Vierge, Balance, Scorpion, qui sont les quatre signes de la perfection; 3. Sagittaire, Capricorne, Verseau, Poissons, qui sont les quatre signes

Le cratère de l'Etna.

de la transfiguration, où l'individu cherche à se fondre dans la collectivité.

A l'opposé des Gémeaux

Le Sagittaire se trouve, dans le cercle zodiacal, diamétralement opposé aux Gémeaux. Ces deux signes ont entre eux des points communs, mais aussi des différences qui n'en ressortent que mieux et les éclairent l'un et l'autre.

Le signe des Gémeaux, le troisième signe du Zodiaque, symbolise l'individu communiquant par ses cinq sens avec le monde extérieur qui forme son entourage immédiat. Ses perceptions sensorielles sont dominées par la logique et le raisonnement, et développées par associations d'idées avec les ressources que, peu à peu, il accumule dans sa mémoire. Le signe du Sagittaire représente un être capable d'établir des communications avec le monde métaphysique. Pour cette sorte de perception, les sens sont insuffisants : l'élan de la pensée sans limites est nécessaire. L'univers contacté par les Gémeaux et celui avec lequel communique le Sagittaire sont plus que différents, en un certain sens ils sont opposés. Le domaine des Gémeaux, en effet, ne s'éloigne pas de la réalité matérielle, tandis que le Sagittaire tend à prendre contact avec les mondes les plus lointains.

Le signe des Gémeaux vit d'oppositions : individualisme et sociabilité; indépendance et fraternité; concurrence et association, etc.

Le Sagittaire est unification, fusion, synthèse. Cet être, qui est à la fois humain et animal, n'est pas dualité, mais unité.

Le caducée de Mercure, planète des Gémeaux, porte deux serpents entrelacés; la flèche du Sagittaire est unique.

Le Sagittaire appartient à Jupiter, et Jupiter est la

plus grande planète du système solaire. C'est un astre majestueux, avec plusieurs satellites. Il est principe de cohésion, de coordination. Il est le Zeus de la mythologie grecque qui s'unissait parfois à de simples mortelles, lesquelles donnaient ensuite le jour à des héros. Zeus est lui-même un symbole de synthèse.

Jupiter et ses quatre satellites.

Chapitre III

Explication astrologique du signe

« Qu'il est glorieux,
mais qu'il est pénible d'être
en ce monde un merle exceptionnel. »
ALFRED DE MUSSET.

Il est intéressant d'étudier le rôle du signe solaire sur la psychologie, la morphologie et la santé du sujet. Tous les êtres nés pendant la période où le Soleil se lève dans le Sagittaire ont entre eux de nombreux points communs. Nous définirons ces analogies quand nous ferons le portrait des natifs du signe, dans notre deuxième partie. Mais le signe zodiacal n'est pas seul à agir sur les natifs, d'autres éléments interviennent dans la formation de leur personnalité. Ce sont les planètes.

Les planètes, en effet, ont toutes une influence sur nous. Les positions planétaires et les rapports existant entre les planètes, les effets qu'elles peuvent avoir, soit à la naissance du sujet, soit au cours d'une période déterminée de la vie du sujet, sont étudiés par l'astrologue, dans l'horoscope correspondant à la période en question.

Les planètes et leurs influences

Considérons les planètes et voyons comment elles influencent les êtres humains en général et plus spécialement les natifs du Sagittaire.

L'astronomie appelle planètes des corps célestes non lumineux par eux-mêmes, tournant dans l'espace autour d'un autre corps lui-même émetteur de lumière et qui les éclaire. C'est ainsi qu'autour du Soleil tournent les planètes du système solaire, parmi lesquelles se trouve la Terre. L'astronomie connaît d'autres soleils et d'autres systèmes de planètes tournant autour de chacun de ces soleils.

L'Astrologie ne prend en considération que les planètes appartenant au système solaire, les autres étant très éloignées et leur influence négligeable. Cependant, certains auteurs mentionnent parfois des planètes très éloignées, mais très connues et très puissantes.

Il est des auteurs qui contestent l'influence des planètes, accordant tout le pouvoir aux seuls signes du zodiaque, infiniment plus grands, donc infiniment plus puissants. Il est exact que les constellations gouvernant les signes du Zodiaque sont de dimensions inconcevables. Toutefois, elles sont très éloignées de notre Terre et l'on peut douter de leur influence directe. Si le signe zodiacal agit sur la personnalité du natif, cela pourrait plutôt être dû à la position du Soleil par rapport au signe dans lequel il se lève; dans ce cas l'influence est directe et paraît assez logique. Le déroulement des saisons accompagne les mouvements du Zodiaque. L'influence cosmique sur la nature de l'homme est donc vraisemblable et a d'ailleurs été empiriquement constatée. Des statistiques bien faites et bien interprétées ont démontré que le caractère des gens est influencé par le moment de l'année où ils sont nés (donc par le signe du Zodiaque).

Jusqu'en 1789, on ne connaissait que sept planètes au système solaire. Elles étaient connues et répertoriées depuis l'antiquité et avaient donné leur nom aux jours de la semaine. D'ailleurs, comme il fallait qu'il y eût sept jours à la semaine, on avait décidé de compter sept planètes, bien qu'on n'en eût repéré que cinq, en leur ajoutant les deux luminaires : la Lune et le Soleil. Notons que le Soleil seul mérite ce nom, car la Lune, si elle éclaire les belles nuits sans nuages, ne fournit aucune lumière par elle-même et se borne à refléter celle du Soleil. Les sept planètes ont un lien réel avec le jour qui porte leur nom : c'est celui au cours duquel les natifs du signe peuvent prendre des décisions importantes avec le maximum de chance.

Les sept planètes (et luminaires) sont :

– la Lune, qui a donné son nom au premier jour de la semaine : lundi;

– Mars : mardi;

– Mercure : mercredi;

– Jupiter : jeudi;

– Vénus : vendredi;

– Saturne : samedi;

– enfin le Soleil, qui a servi à désigner le dimanche dans presque toutes les langues, sauf la nôtre ! En effet, le soleil se dit *sun* en anglais et le dimanche *sunday*; il se dit *Sonne* en allemand et le dimanche, dans cette langue, c'est *Sonntag*.

Soleil et Lune sont les deux luminaires. Parmi les planètes, Vénus est connue comme « étoile du berger ». C'est elle aussi qui se lève la première le matin; ses heures de lever et de coucher ne sont pas toujours les mêmes parce que sa vitesse diffère de celle de la Terre. Mars est connu pour sa lumière rouge, Jupiter parce qu'il a des satellites, et Saturne des anneaux.

Depuis, les astronomes ont découvert dans le ciel d'autres planètes qui appartiennent aussi à notre système solaire.

En 1781, l'astronome anglais Herrschel découvrit une huitième planète au système solaire et on l'appela Uranus. En 1846, l'astronome français Leverrier découvrit une neuvième planète qu'on appela Neptune; enfin en 1930, un astronome américain nommé Clyde Tombaugh découvrit une planète de plus, qu'on appela Pluton.

Les planètes sont animées d'un mouvement cyclique; elles apportent dans le thème individuel l'élément dynamique. Le signe zodiacal fournit l'élément statique. Des symboles graphiques les représentent qui résument une idée générale pour chacune des planètes. Voyons ces graphismes et leur signification; nous avons donc :

Lune : un croissant; suggère le reflet de l'individualité comme la Lune est le reflet du Soleil. On dit que la Lune va dans les rivières, les parcs, les buanderies, les greniers. Qu'elle influence la Chine, la Norvège, Alger, Constantinople et Rio. Son mot clef est : réflexion. Son métal est l'argent. Sur l'homme, elle régit l'estomac. Elle est liée aux plantes suivantes : mauve, nénuphar, pavot, coquelicot, trèfle, belle-de-nuit, iris, tamaris, tilleul.

Mars : un cercle surmonté d'une croix déplacée et taillée en forme de flèche; symbole signifiant que la matérialité a conquis l'individualité. Mars a un diamètre de 6 780 kilomètres et fait sa révolution sidérale en trois cent vingt-deux jours. Mars va dans les forges, les briqueteries, les cheminées, les radiateurs. Il influence la Pologne, le Danemark, l'Allemagne, Marseille, Naples, Saragosse, Tokyo. Son mot clef est : énergie. Il correspond aux plantes suivantes : houx, absinthe, ail, artichaut, asperge, bruyère, genêt, fougère, glaïeul, ortie, vigne, pivoine, houblon, rhubarbe, tabac.

Mercure est représenté par un cercle avec un croissant au-dessus et une croix au-dessous, ce qui symbolise le processus mental. La planète a un diamètre de 5 000 kilomètres. Elle effectue sa révolution sidérale en quatre-vingt-huit jours. Mercure va dans les salles de vente, les chambres de commerce, les marchés, la Bourse; il influence la Grèce, l'Égypte, Paris, Amsterdam. Son mot clef est : intellect. Il correspond dans le monde végétal à l'olivier, l'acacia, l'anis, la garance, la marguerite, l'oseille, le thé, la valériane, la lavande, la menthe, la verveine, la mélisse et le liseron. Son métal est le mercure; sa gemme, l'opale. Dans le corps humain, il régit le cerveau et les poumons.

Jupiter : est représenté par un croissant au-dessus d'une croix, ce qui signifie que la personnalité est maîtresse de la matérialité. La planète a un diamètre de 139 760 kilomètres. Elle effectue sa révolution sidérale en trois cent quinze jours. Jupiter va dans les églises, les cours de justice; il influence l'Espagne, la Hongrie, la Tunisie, la Yougoslavie, Tolède et Liège. Son mot clef est : expansion. Son métal est l'étain; sa gemme, l'améthyste. Ses plantes correspondantes sont : bouleau, peuplier, chêne, coudrier, poirier, prunier, cerisier, figuier, jusquiame, lin, orme, violette, jasmin, œillet.

Vénus se représente avec un cercle ayant une croix au-dessous, ce qui signifie que l'individualité a conquis la matérialité, que la nature devient amicale et altruiste. Cette planète a un diamètre de 12 400 kilomètres; sa révolution sidérale est de deux cent vingt-cinq jours. Vénus influence les musées, les expositions de peinture, les salles de concert, les cinémas, les music-halls, elle influence l'Autriche, la Pologne, Florence, Marrakech, Pékin. Son mot clef est : amour. Son métal est le cuivre; sa gemme, l'émeraude; dans le corps humain, Vénus régit le sang. Elle est unie aux plantes suivantes : myrte, buis, fuchsia, lis, pommier, rose, verveine.

Saturne est représenté par un symbole opposé à celui de Jupiter, qui monte la croix de la matérialité au-dessus du croissant de la personnalité. Le diamètre de cette planète est de 115 100 kilomètres et sa révolution sidérale dure cent soixante-six jours. Saturne va dans les forêts profondes, les vallées obscures, les cimetières, les mines de charbon. Il influence la Belgique, l'Angleterre, Constance, Bruxelles et Tel-Aviv. Son mot clef est restriction. Son métal est le plomb; sa gemme, le saphir; sur le corps humain il influence les os. Voici ses plantes : pin, figuier noir, aconit, cactus, ciguë, mandragore, hêtre, mousse, armoise.

Le Soleil est représenté par un petit cercle avec un point au centre. Son mot clef est : créativité. Il va dans les cours impériales et royales, les théâtres, les arcs de triomphe, il influence la France, l'Italie, le Japon, le Mexique, l'Équateur, Rome, Prague, Philadelphie, San Francisco. Son métal est l'or; sa gemme, le diamant. Il est uni aux plantes suivantes : palmier, cèdre, citronnier, héliotrope, gui, safran, camomille, chou, chrysanthème, gentiane, laurier, santal, tournesol.

Uranus est représenté par un cercle surmonté d'une croix entourée de deux croissants : c'est le symbole de Mars avec un double symbole de la Lune; la signification en est rébellion et révolution. Le diamètre de cette planète est de 51 000 kilomètres et elle effectue sa révolution sidérale en quatre-vingt-quatre ans. Uranus va dans les laboratoires, les volcans. Il influence la Russie, la Suède, le Japon, le Chili, Brême, Hambourg, Bucarest. Son mot clef est : renonciation. Son métal est l'uranium; sa gemme, la calcédoine. Dans le corps humain, il gouverne le système nerveux.

Neptune est représenté par une croix au-dessus d'un cercle traversée par un croissant, ce qui suggère le mystère. Cette planète a un diamètre de 44 600 kilomètres; elle effectue sa révolution sidérale en cent soixante-cinq ans. Neptune va dans les grottes, les excavations sous-marines, les puits, les étangs, les lacs. Influence tous les océans, les États-Unis, la Calabre, Worms, Alexandrie, Budapest, Lisbonne. Son mot clef est : inspiration. Son métal est le neptunium; sa gemme, le corail. Neptune régit le fluide magnétique dans le corps humain.

Pluton est représenté par un cercle au-dessus du croissant et de la croix, ce qui symbolise le changement total. C'est une planète d'un diamètre de 6 300 kilomètres, qui effectue sa révolution sidérale en deux cent cinquante ans. Son mot clef est altération. Son métal est le plutonium; sa gemme, le béryl. Pluton régit, dans notre corps, les intestins.

A côté de ces caractéristiques objectives des planètes, il en existe d'autres, plus subjectives, parce qu'il s'agit de leur action sur notre comportement.

Quelles sont les influences des planètes sur notre comportement ? Cette influence varie avec le signe zodiacal de naissance du sujet.

Les aspects planétaires

Les planètes, comme nous venons de le voir, n'évoluent pas toutes à la même vitesse, bien qu'elles tournent toutes autour du Soleil. Ces différences de vitesse donnent à leurs positions réciproques dans le ciel des effets différents qui peuvent être ou une amélioration, ou une diminution, ou bien encore une aggravation de cette influence.

On appelle ces positions des « aspects », d'où le qualificatif « aspecté » qu'on rencontre dans les articles astrologiques.

On disait autrefois que ces « aspects » étaient bénéfiques ou maléfiques; mais ces expressions, couramment employées en magie, ont paru en Astrologie un peu trop énergiques, surtout quand on parle de « maléfique ». On a ensuite utilisé les mots favorable et défavorable. Puis, la philosophie ayant évolué, on n'ose même plus dire aujourd'hui que telle chose est ou n'est pas favorable; vous pouvez, en effet, avoir à subir des événements qui vous font une grande peine, sentimentalement, et qui, par la suite, se révèlent comme très utiles. On a donc décidé de ne point porter de jugement anticipé sur les influences planétaires et, dans cette intention, on se limite aujourd'hui à dire : « tel aspect est harmonique » ou « tel aspect est dissonant ».

Pour situer les planètes, on divise théoriquement la sphère céleste en vingt-quatre fuseaux par des méridiens, comme on le fait du globe terrestre. Ainsi peut-on définir la position d'une planète par sa longitude. Il n'y a pas de latitude. Les planètes ne sortent pas de la bande étroite du zodiaque, c'est un fait.

La longitude des planètes n'est pas « est » ou « ouest », comme les longitudes terrestres. Celle des planètes est toujours comptée à partir d'un point unique et en allant dans le même sens, et ce point est le point zéro, le point vernal, ou le point gamma, ce point défini comme le point de la ligne équatoriale du Zodiaque où le Soleil se lève, vu de la Terre, le 21 mars. C'est « zéro du Bélier ». A partir de ce point, on compte les longitudes jusqu'à 360°.

Les positions respectives des planètes sont donc définies par comparaison à leurs longitudes respectives. On appelle cela des angles, probablement parce que cela s'exprime en degrés.

Il faut maintenant observer les planètes dans leurs rapports avec nos destinées et plus spécialement avec les destinées des natifs du Sagittaire.

La Lune

La Lune, ce corps céleste qui tourne autour de la Terre, et qui s'en tient si près que nous avons pu y poser le pied, reçoit et renvoie la lumière du Soleil. Elle possède un mouvement qui lui est propre et elle fait le tour de la sphère céleste en moins d'un mois. Autour de la Terre, sa course suit le tracé d'une ellipse, c'est-à-dire que tantôt elle se rapproche et tantôt elle s'éloigne.

L'univers représenté sous la forme de sphères concentriques dans un manuscrit du XVe siècle :
les Échecs amoureux.

Astrologiquement, la Lune représente le froid, la féminité, la passivité.

En transférant à l'individu les particularités de la Lune, on obtient un être aux formes arrondies; physiologiquement, il a tendance à une certaine atonie contre laquelle il doit lutter.

Par contre, affectivement, il a une grande vitalité : c'est un être extrêmement sensible, mais il subit souvent passivement les influences. Il ne réagit pas contre elles; il les reçoit et les répercute, les reflète, en somme comme la Lune reflète la lumière solaire. Il a une grande mémoire, une imagination toujours en pleine activité, mais souvent diffuse. Il est travaillé par un grand besoin d'évasion qui se satisfait mal dans la réalité, se traduisant le plus souvent pas d'autres manifestations, selon son caractère et les autres influences qu'il subit : création littéraire ou artistique, rêverie sans réalisation ou chute dans la toxicomanie. Dans l'enfance et la première jeunesse, on rencontre un goût très important pour la lecture.

Lorsqu'on observe l'effet de la Lune dans un thème individuel, on étudie sa position et ses aspects avec les autres planètes ou par rapport au Zodiaque, pour définir d'abord comment le sujet ressent sa vie intime; comment sa mémoire a enregistré tout ce qui concerne son enfance, sa famille; la part du rêve et de l'imagination; et aussi ce qui se rapporte à la vie végétative. S'il s'agit d'un homme : son attitude envers les femmes; s'il s'agit d'une femme : comment elle vit sa condition féminine.

On observera ensuite les aspects, harmoniques ou dissonants. Avec Mercure, l'aspect harmonique apporte la compréhension intellectuelle; avec Vénus, on est informé sur l'affectivité du sujet; avec Mars, le degré d'impulsivité; avec Jupiter, l'épanouissement possible; avec Saturne, les inhibitions et le self-control; Uranus bien aspecté apporte du rationalisme dans l'activité du sujet; Neptune parle de sensibilité, de rêve et parfois d'erreurs; s'il est dissonant, on peut atteindre le relâchement des mœurs. Pluton exalte les passions ou les dramatise, selon les aspects.

Lorsque la Lune est dans le signe du Sagittaire, elle apporte au natif du signe des rêves d'évasion, l'amour des voyages, réels ou imaginaires, le goût de l'aventure. Elle peut exprimer un besoin d'idéal, une aspiration vers la passion philosophique.

Mars

On dit de la planète Mars qu'elle est positive, masculine, sèche et chaude. Elle a toujours représenté la lutte et la guerre. Dans la personnalité du sujet, elle indique l'action, l'agressivité, la force musculaire, l'impulsivité, le désir de conquête.

Sur le plan de la personne physique, Mars apporte une grande robustesse, sans volume excessif, une force musculaire sèche. Le sujet est généralement de taille moyenne. Le visage peut s'inscrire dans un carré; le nez et le menton sont très marqués; le regard est très perçant sous des sourcils importants.

C'est un tempérament bilieux bourré d'énergie.

Il est courageux, voire téméraire, enclin à des colères subites, vite calmées. Il est fortement extraverti, extériorisé; il a une psychologie primaire, c'est-à-dire réagissant instantanément à l'impression reçue et un peu oublieuse; il est franc, très actif, doué pour les carrières militaires ou très actives. Il est autoritaire, respecte la discipline et prétend que bonté et douceur sont des marques de faiblesse; son jugement est trop précipité pour qu'il puisse s'égarer dans des excès de finesse, dans les détours de la diplomatie, les nuances et les demi-teintes. Il est réaliste et sa puissance de travail le met à l'aise dans les problèmes concrets.

C'est sur le signe du Bélier que Mars a le plus d'influence.

On étudie Mars dans le thème individuel pour

déterminer l'énergie disponible chez le sujet, son agressivité, ses impulsions dynamiques, ses désirs de haine, de violence. On étudie aussi le domaine de l'existence où ses diverses tendances se manifestent au maximum.

Les aspects de Mars sont envisagés avec Jupiter, car, en harmonie, Jupiter accroît sa force et sa vitalité; en dissonance, le sujet devient emporté; avec Saturne, le sujet peut faire face à ses responsabilités : il peut donc prendre des engagements. Ou bien, en dissonance, il peut succomber; dans ce cas, s'il est averti, il évitera de faire des promesses qu'il ne pourrait pas tenir. Avec Uranus, le sujet peut devenir survolté, avec risque de dépasser la mesure; avec Neptune, ou bien il définit l'idéologie qui le guidera dans la vie, ou bien il s'enlise dans des rêves désordonnés et sans suite; avec Pluton, il peut évoluer favorablement sans sombrer.

Mars dans le Sagittaire possède intégralement sa force d'agressivité, mais elle s'oriente vers des principes moraux et philosophiques que le sujet tente decritiquer et dont il propose la révision. Mars peut aussi apporter une destinée éclatante, inspirée par le désir de réforme poussé au paroxysme, donc à l'insurrection.

Mercure

Mercure est une planète rapide dans son déplacement autour du Soleil.

Elle préside aux facultés intellectuelles et favorise une bonne mémoire, avec une grande rapidité de pensée. Celui qui se trouve sous son influence, le Mercurien, est très doué pour les travaux littéraires et les mathématiques.

Mercure régit en l'homme le système nerveux central, le plexus solaire, les poumons et la voix.

Le type mercurien est caractérisé par une ligne fine et déliée, des traits jeunes mais sinueux, beaucoup de vivacité et de souplesse. Le teint est plutôt mat, les yeux mobiles et vivants, le front bombé, le nez plutôt long. Il a les attaches fines, le geste rapide, et ses cheveux blanchissent de bonne heure.

Sur le plan psychologique, il est caractérisé par une insatiable curiosité. Ses sentiments sont vifs, mais peu profonds; il est très adaptable.

Très intelligent, mais superficiel, il aime improviser et il y brille.

Sa vivacité intellectuelle le fait admirer dans la discussion. Il est doué pour la diplomatie.

Mercure étant, après la Lune, la planète la plus rapide, les Grecs anciens le représentaient avec des ailes aux talons et le dieu Mercure était le messager de l'Olympe. Son insigne, le caducée, désigne de nos jours les activités commerciales. Noter que lorsqu'on l'utilise pour désigner des activités médicales, on commet une erreur : c'est la canne d'Esculape qui devrait être alors employée.

Lorsque, dans un thème, cette planète est en dissonance, le sujet sera trop dispersé, superficiel, étourdi et peut-être menteur. Mais Mercure, qui est le nom latin du Hermès des Grecs, est chargé de nous guider vers la lumière de la Connaissance.

Dans le thème individuel, Mercure représente la cérébralité, les études, les échanges intellectuels.

Il concerne également les rapports avec l'entourage, les frères et sœurs, les collaborateurs aussi; il parle de déplacements, de changements et des relations avec des personnes plus jeunes que le sujet.

Dans l'étude des aspects planétaires, on note que Mercure avec Mars active le sens critique; en dissonance, c'est la discussion.

Ses aspects avec Vénus expriment le goût et la sensibilité du sujet; avec Jupiter, il s'agit d'esprit d'organisation; avec Saturne, la rigueur intellectuelle est mise en cause, ainsi que l'abstraction; avec Uranus, il indique un esprit novateur, ou alors, mal aspecté, trop systématique; avec Neptune, c'est l'intuition, ou alors l'utopie; enfin, avec Pluton, bien aspecté c'est l'inquiétude, mal aspecté c'est la révolte.

Mercure en Sagittaire, c'est principalement l'amour des voyages, de l'espace, des horizons lointains; il faut y ajouter le goût des langues étrangères ou encore des rapports sur le plan international, et, enfin, l'intelligence sagittarienne, qui a la spécialité des idées générales et des vues hautement philosophiques.

Jupiter

Le « grand bénéfique », comme le nomme une solide tradition, est une planète très belle, très brillante, très grande, la plus majestueuse après le Soleil; on dit même parfois que c'est un second Soleil. On l'a toujours considérée avec respect et confiance. C'est un astre favorable au développement, à la grandeur.

Les personnes placées directement sous son influence, c'est à dire les Jupitériens, ont un physique de Vénusien, au départ, mais avec une forte tendance à se dilater : visage large, ligne confortable, ensemble étoffé, grand, large, volumineux. Ce sont des personnes inspirant le respect et la sympathie, aimant la bonne chère et d'humeur optimiste.

Ce sont des extravertis; aussi ont-ils une grande facilité de contacts sociaux, ce qui les mène généralement, si aucun élément ne s'y oppose formellement, à la réussite. Ils n'aiment pas beaucoup réfléchir, ils préfèrent agir. Ce sont des personnes à la psychologie « primaire », c'est-à-dire agissant selon leur premier mouvement, impulsifs et rapides; ils sont conformistes.

On étudie les aspects de Jupiter dans le thème individuel pour définir les possibilités d'expansion du sujet liées à son optimisme et à son esprit conciliant. On tente de préciser dans quel domaine il aura le plus de facilités pour s'épanouir et pour trouver sa chance.

Jupiter. *Gravure de Petrus Vack, XVIe siècle.*

Ses aspects avec Saturne, s'ils sont harmoniques, assurent un succès solide et bien assis; la dissonance annonce le risque de stérilité de l'action par suite d'une attitude sclérosée dans le conservatisme.

Dans le Sagittaire, Jupiter distribue une bonté généreuse ou bien une autorité à caractère paternel, même si elle est celle d'un patron.

Théoriquement, les natifs du Sagittaire sont des Jupitériens, parce que Jupiter est la planète qui gouverne ce signe; elle y a son domicile, elle y est chez elle, elle y domine tout.

Vénus

On aime considérer Vénus comme une des planètes les plus importantes du système solaire. Après Mercure, elle est la plus proche du Soleil.

Cette planète apporte, par sa présence, la beauté, la douceur, l'harmonie, l'équilibre, la grâce, l'élégance, la tendresse.

Vénus, c'est celle que nous appelons l'étoile du berger, quand elle apparaît la première au crépuscule, sous nos latitudes.

Le Vénusien est un être affectueux, sensible, cherchant avant tout à jouir des agréments de la vie; il n'est pas troublé par les problèmes intellectuels, sauf s'ils sont liés aux sensations, car le Vénusien est un sensitif qui perçoit facilement dans quelle mesure les autres le comprennent.

Ayant un tempérament sanguin, classé dans la catégorie des humides et chauds, émotifs et peu actifs, il est tout entier plongé dans la sensibilité et dans une émotivité attendrie.

Son visage a les traits doux; il n'est pas dynamique, mais plutôt passif. Il réussit dans la vie et on pense souvent qu'il a de la chance, mais c'est son charme personnel qui lui fait obtenir tout ce qu'il demande...

On étudie Vénus dans le thème individuel pour

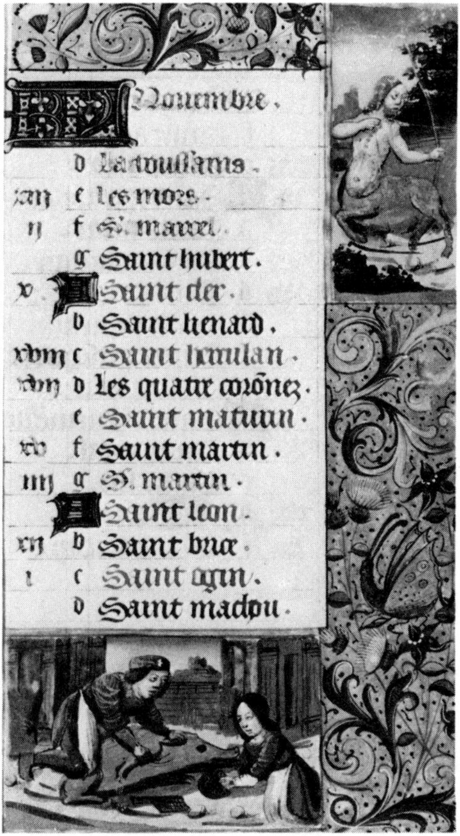

Novembre. Livre d'heures *du* XVe *siècle.*

connaître l'affectivité du sujet, homme ou femme, pour connaître ses besoins amoureux, sa bonté, le domaine dans lequel s'expriment plus volontiers ses tendances affectives.

On cherche également à définir s'il a le sens de l'harmonie et quelles sont plus spécialement ses dispositions artistiques, car il en a certainement.

Par les positions respectives de Vénus et des autres planètes, on peut nuancer ces informations. Avec Mars, on peut trouver la passion; avec Jupiter, le goût de la vie peut porter le sujet à essayer toutes les jouissances; avec Saturne, on aura une personnalité retenue, parfois inhibée, en tout cas insatisfaite; avec Uranus, elle sera impulsive et peut-être instable; avec Neptune, prête à tous les idéalismes et pouvant aller jusqu'au don de soi; avec Pluton, il faut penser à des excès sur le plan de l'érotisme, pouvant aller jusqu'à un degré angoissant et même tragique.

Vénus, dans le Sagittaire, donne des aspirations s'élevant à la recherche métaphysique d'un épanouissement esthétique, moral, ou d'un idéal spirituel.

Saturne

La sixième planète du système solaire jouait un rôle important dans l'Astrologie antique des Chaldéens. Les hébreux la considéraient comme fatale. Cette tendance a été conservée par les Grecs, les Romains et les Arabes. En fait, après l'avoir également considérée ainsi, les commentateurs actuels semblent avoir déchiffré son rôle, avec l'aide de la psychologie moderne selon laquelle on a cessé de classer les éléments de la personnalité en qualités et défauts, mais en traits de caractère qui se révèlent bons ou mauvais selon l'usage qu'on en fait et les circonstances influant sur le comportement général du sujet.

On dit que l'influence de Saturne, la planète étrangement entourée d'anneaux dans lesquels circulent huit satellites, agit sur les éléments les plus denses du monde matériel. La mythologie assimile Saturne à Cronos.

Saturne se définit plus facilement par opposition à Jupiter.

Le sujet soumis principalement à l'influence de Saturne a morphologiquement une structure longiligne; il a souvent le teint terreux ou plombé, c'est-à-dire ni blanc ni coloré, mais terne et gris. Il a l'air renfermé, ou concentré, et le regard sombre. Il n'est pas ce qu'on appelle un bon vivant, cependant les bonnes choses lui plaisent et le tentent jusqu'à l'abus parfois, quitte à se plaindre ensuite d'être forcé de s'en priver. Il est très émotif mais sobre d'expressions et de mimiques. Il semble froid, il est seulement introverti et éprouve de la difficulté et de la gêne à extérioriser ses sentiments.

Il est actif, laborieux, doué pour les chiffres et sans émotion dans les affaires. Il ne dispose pas de la chance à l'état pur, mais ses qualités y suppléent grandement.

On étudie Saturne dans le thème individuel pour définir le rôle et l'importance de l'avidité chez le sujet; ses inhibitions et ses refoulements; ses freins et les éléments qui deviennent pour lui des forces de frein et même de régression; ses tendances à une cérébralité intense, allant parfois jusqu'à un repliement sur soi-même qui n'arrange pas les choses; enfin, l'importance de son esprit philosophique et, s'il est en dissonance, l'éventualité des échecs, des séparations.

On étudiera surtout ses aspects avec Uranus, afin de déterminer si les efforts concentrés sont facilités ou si, cette planète étant mal aspectée, elle entraîne à l'inadaptation.

Dans ses aspects avec Neptune, Saturne incite aux longues entreprises ou bien mène au découragement. Avec Pluton, Saturne peut aider à prévoir si le succès exige beaucoup de sacrifices (ce qui peut être un encouragement à les accepter), ou réellement trop de sacrifices, auquel cas il est préférable de modifier ses projets.

Saturne dans le Sagittaire tend à confirmer la force de la personnalité du sujet dans le sens de l'effort spirituel, de l'ascèse, de la morale et de l'accès à la Connaissance.

Le Soleil

Étant le centre de notre système planétaire, il est évident, nul ne le discute, que le Soleil constitue la source de la vie, de l'énergie, de la chaleur, de la lumière. Il constitue, par rapport aux planètes, qui ne sont lumineuses que parce qu'il les éclaire, un principe dynamique, un élément supérieur.

L'influence du Soleil se traduit par une tendance à l'expression et à la centralisation. On voit une concordance entre le Soleil et tout ce qui évoque l'idée de supériorité, d'autorité, de majesté, de vie et d'énergie rayonnante. Il représente l'esprit créateur.

Lorsqu'on dit d'un sujet qu'il est du type solaire, cela signifie qu'il est morphologiquement caractérisé par une ligne forte et équilibrée. Il a, en principe, le front haut, le regard serein, le nez fin, parfois un peu aquilin, la bouche nettement dessinée, le visage ovale. Il semble qu'il soit, avant tout, sur le plan physiologique, un « respiratoire » doué de force physique. Il a de l'aisance, de la dignité, de la noblesse dans les mouvements, beaucoup d'ascendant sur son entourage.

Dans un thème individuel, le Soleil sera étudié pour définir de quelle façon le sujet s'insère dans la vie sociale et professionnelle et comment il réalise son idéal; également, comment il conçoit sa fonction virile au sens le plus large du mot, c'est-à-dire incluant ses facultés créatrices. En effet, le mot clef du Soleil n'est-il pas, nous l'avons vu plus haut, créativité ?

Allégorie de l'Automne, *par Giuseppe Arcimboldo.*
École lombarde, XVIe siècle.

On définira l'objectivité du sujet, sa vie consciente et sa moralité. S'il s'agit d'une femme, la position du Soleil dans son thème indiquera la façon dont elle ressent l'homme et le style général de ses rapports avec lui.

En examinant les aspects du Soleil avec la Lune dans le thème, on sera informé sur le style des rapports avec le sexe féminin (s'il s'agit d'un homme).

Ses aspects avec Mars indiqueront sa virilité, accrue s'il y a harmonie, diminuée s'il y a dissonance.

L'aspect du Soleil avec Jupiter fera connaître l'importance de l'ambition et le degré de possibilité d'expansion. Avec Saturne, l'éventualité d'échec. Avec Neptune, on verra dans quelle mesure le sujet est idéaliste ou chimérique, et avec Pluton, on constatera une volonté agissante si les aspects sont bons, ou l'angoisse dans le cas contraire.

Uranus

La septième planète du système solaire a quatre satellites qui se nomment respectivement : Ariel, Umbriel, Titania et Obéron.

La découverte de cette planète est relativement récente et il semble qu'elle ait coïncidé avec une modification du symbolisme accompagnée d'une notion de collectivité et de force universelle.

Son nom vient d'Ouranos, qui, pour les Grecs de l'Antiquité, était le Dieu unique et tout-puissant auquel on n'eût pas osé manquer de respect en le priant...

Pour éviter de s'adresser directement à cette entité trop élevée et trop puissante, un dérivatif avait été institué avec la curieuse population de dieux et de déesses vivant dans l'Olympe de la mythologie grecque.

Uranus a été découvert un peu avant 1789 et l'on a dit qu'à la suite de cette découverte « le monde a changé de face ».

L'Ouranos a-t-il créé un nouveau chaos, comme le pensent certains, ou bien est-il en train de « nettoyer les écuries d'Augias » ? C'est la seconde supposition que j'adopterai ici car, si un certain désordre semble se manifester actuellement dans le monde, il ne faut pas y voir un fait important de la vie cosmique. Simplement, la Terre balaie ses antiques tabous et en fait un tri...

On dépeint le sujet placé sous l'influence directe d'Uranus comme un bilieux-nerveux; c'est un extraverti et il procède par élans soudains. Il est actif, mais il cherche constamment à se définir par rapport aux autres et c'est vers lui-même que tend toute son activité. Il s'adapte facilement; il a peu de sensibilité et davantage d'intellectualité.

Il ramène l'amour à ses valeurs charnelles.

Dans le thème individuel, on l'étudie pour préciser l'intensité des tendances individualistes du sujet et ses difficultés d'adaptation.

Neptune

On connaît encore mal l'influence de la planète Neptune, trop récemment découverte. On sait que cette planète a un rapport direct avec les océans et que sa découverte a influencé les progrès maritimes puisque, depuis, elle a apporté le moyen d'explorer le fond des mers, à commencer par le sous-marin, et, sur le plan social, d'infinis changements non seulement de régimes, mais de conceptions socio-philosophiques. Peut-être sa découverte a-t-elle marqué un tournant dont on se rendra compte plus tard.

Il est facile de faire du Neptunien un « superlunaire », mais comment en être certain tant que les statistiques ne le confirment pas ? En effet, sous certains de ses aspects, l'Astrologie demeure une science empirique, et fonder des théories astrologiques sur le seul raisonnement humain n'est peut-être pas un gage d'exactitude.

Dans le thème individuel, il semble que l'influence de Neptune bien aspecté soit liée à un besoin de se rattacher à une collectivité, au détriment de la liberté individuelle. Mal aspecté, Neptune risque de créer un monde brumeux et imaginaire qui, en brouillant les idées et les thèses du sujet, le conduira à gâcher son temps et ses forces à la poursuite de chimères.

Pluton

Pluton, découvert en 1930, est beaucoup trop récent. On ne peut faire que des suppositions. Le recul fait défaut.

Ainsi avons-nous tenté de déterminer l'influence de chaque planète sur les natifs du Sagittaire. A eux de préciser ces influences en ce qui concerne chaque cas personnel. Les notes générales de cet ouvrage ne permettent pas de s'engager davantage. Concernant votre propre destinée, vous pourrez effectuer les calculs permettant de situer vos Maisons par rapport à Jupiter à telle ou telle date importante pour vous.

Et le moment semble venu de parler des Maisons.

Les Maisons

Les Astrologues ne sont pas tous d'accord sur la méthode de partage d'un horoscope en douze Maisons. Mais disons au moins ce qui suit.

Pour faciliter la mesure du temps, on a divisé le globe céleste, donc la ligne d'horizon délimitant les deux hémisphères nord et sud, en 360°, c'est-à-dire 180° pour le jour et 180° pour la nuit. Le point le plus haut dans le ciel s'apelle le zénith, le plus bas au-dessous de la ligne d'horizon le nadir.

Chaque division groupant 30° représente la distance parcourue en trente minutes par la Terre dans sa rotation sur elle-même. Et chaque division de 30° constitue aussi une Maison. Chaque Maison concerne un des aspects du destin.

L'Astrologie définit douze Maisons, numérotées de I à XII comme suit :

La Maison I représente la vie du corps, le tempérament, mais aussi le caractère, les qualités physiques et morales, et tout ce que le sujet entreprend, au début de cette entreprise.

La Maison II représente les rapports avec l'entourage immédiat et aussi l'argent gagné par le travail.

La Maison III concerne la famille : les frères et les sœurs, les cousins et les collatéraux; ainsi que les petits déplacements.

La Maison IV concerne le père, l'hérédité, le patrimoine, les héritages : biens immobiliers, trésors, récoltes, ainsi que les choses secrètes.

La Maison V concerne les enfants, l'amour, l'affection, les joies, le hasard, la chance.

La Maison VI est liée à la santé : éventuelles maladies, lutte pour la vie, adversité, infirmités, vieillesse. Les animaux domestiques y jouent également un rôle.

La Maison VII, c'est le mariage, les associations, les contrats, mais aussi les divorces, les querelles, les procès et même la guerre.

La Maison VIII est celle de la mort, des legs et des testaments, des dernières années de la vie, de la tristesse et de la fatalité.

La Maison IX concerne la religion, le mysticisme, la philosophie, les sciences divinatoires, l'occultisme, mais aussi la foi.

La Maison X, ce sont les honneurs, les dignités, la situation sociale, le crédit moral, la gloire, le prestige, l'action du sujet sur son entourage; c'est aussi la mère.

La Maison XI représente les amis, les projets, le succès, la fidélité en amitié, le fruit du travail, les bons rapports avec les personnalités influentes.

La Maison XII est celle de la prison, de la tromperie, des persécutions, des épreuves, des calomnies, des dettes. C'est la haine, la misère, les ennemis et les ennuis, ainsi que les maladies chroniques et les châtiments.

Rien ne saurait être définitif dans l'Astrologie vue sous l'angle des interprétations et des principes. Depuis que Ptolémée a posé des définitions précises, on a fait de nouvelles découvertes et, aujourd'hui, il règne un certain flottement dans le système créant un réseau d'influences réciproques entre les planètes, les signes et les Maisons.

Les difficultés n'ayant pas encore été résolues en ce qui concerne les calculs prévisionnels, la lecture des avertissements d'après les positions respectives des astres par rapport aux signes et aux Maisons, on doit se limiter à rechercher dans l'Astrologie le moyen de connaître la psychologie de chaque personne en partant de la date exacte, du lieu et de l'heure de naissance. Les événements et les chances de réussite ne pourront être prévus que grâce à une profonde intuition, d'après l'étude des particularités psychologiques du sujet.

On est donc ainsi dans un domaine proche d'une sorte de divination et, dans ce cas, l'Astrologie cesse d'être une science humaine pour devenir un art divinatoire. Mais notre but, dans le présent ouvrage, est la détermination de la psychologie du sujet et de ses affinités.

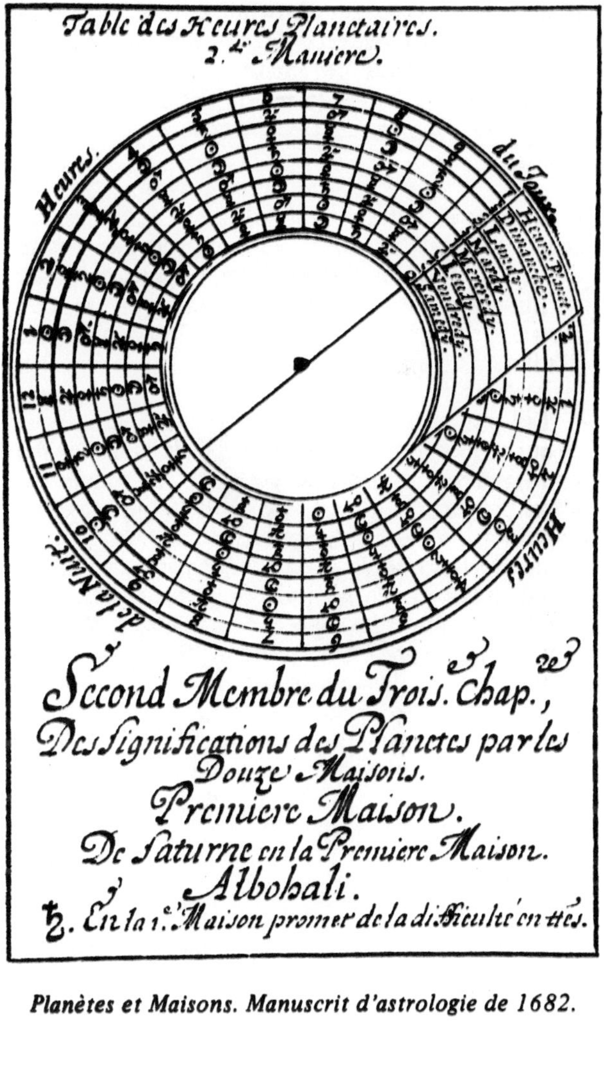

Planètes et Maisons. Manuscrit d'astrologie de 1682.

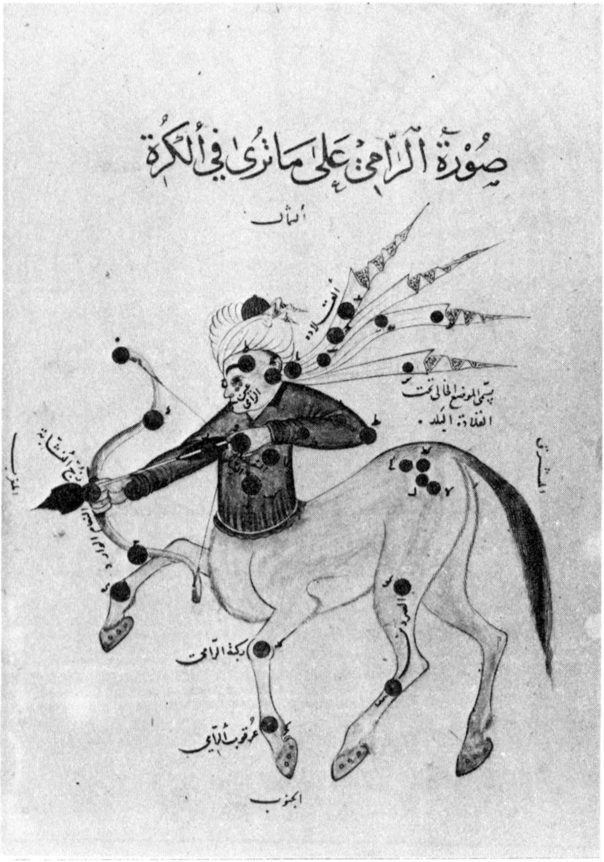

Catalogue des étoiles, *de Abd-al-Rahman al-Sufi. Manuscrit arabe du XVe siècle.*

Deuxième partie

Achille et les centaures, *par Antoine Caron, tiré de* l'Image des dieux *de Philostratos, 1637.*

Chapitre I

Portrait des natifs du signe du Sagittaire

« J'ai perdu jusqu'à la fierté
qui faisait croire à mon génie. »
ALFRED DE MUSSET.

L'étude du caractère des natifs du Sagittaire exige que l'on se tourne d'abord vers la représentation imagée et symbolique de ce signe. C'est donc un centaure, mais un centaure fin et civilisé (car malgré certaines tendances, le natif du Sagittaire est civilisé), avec son arc et sa flèche, qui sera la base de notre commentaire.

Notez d'abord la position de la flèche.

La flèche est sur le point de partir. Instant très bref mais essentiel. A quoi pourrait, en effet, servir une flèche qui ne serait pas sur le point de partir ? Simple réserve d'énergie ? Peut-être. Mais cette énergie servirait à quelque chose ?

La flèche prête à partir, c'est la pensée prête à s'élever plus haut que l'homme même.

Le Sagittaire, avec sa flèche, va lancer un message, un des plus beaux messages qui soient, l'espoir.

Le psychisme du natif du Sagittaire est donc susceptible de concevoir ce qui est plus grand que lui, tous termes étant pris ici dans leurs sens philosophique, métaphysique, ésotérique.

Aussi haut qu'elle aille, suivre sa flèche

La créature qui représente le Sagittaire paraît avoir

un esprit humain mais c'est, en réalité – si l'on peut parler ici de réalité ! – un animal. Il est quadrupède comme seul un animal peut l'être. Pour posséder entièrement le secret de cette personnalité, il faudrait en savoir davantage sur ce curieux peuple des Centaures que nous rencontrons dans la mythologie. Il y a des centaures raffinés et très élevés dans l'évolution des êtres, comme Chiron qui instruisit Héraclès; mais il y a un grand nombre de centaures dotés d'une certaine bestialité, d'ailleurs très humaine : ils se laissent aller à la violence de leurs instincts, mais ce sont des instincts d'homme; les animaux, en effet, ne s'enivrent pas...

Nous sommes donc effectivement en présence d'un homme-animal et de deux tendances.

Si vous connaissez un natif du Sagittaire, ce qui vient d'être dit vous éclairera sur certains traits de sa personnalité profonde. Il semble, en effet, qu'un natif du Sagittaire soit en permanence en train de lutter contre lui-même. Il se dresse lui-même comme il dresserait un cheval.

L'effort à fournir pour résoudre la pression née de cet antagonisme élèvera l'élément animal au niveau de l'élément humain en général. Mais il y a des exceptions et il arrive que ce soit l'élément humain qui retombe au niveau animal.

Un troisième cas peut se produire, mais assez exceptionnellement : ni l'homme ni l'animal ne gagnent ce combat intérieur et l'antagonisme dure indéfiniment.

Quel est l'effet concret de ce dualisme sur le natif du Sagittaire, c'est ce que nous allons tenter de déterminer.

Dans l'étude successive de chacun des autres signes du Zodiaque, on a vu chaque fois se dessiner un personnage de base qui avait son individualité nettement cernée et influencée par sa position au fil des saisons.

Avec le Sagittaire commence une série différente : il semble que les personnalités soient maintenant étroitement mêlées à l'Univers, et d'abord à l'ensemble des êtres humains.

Ce centaure, qui tient de l'animal et de l'homme, exprime clairement qu'il est lié à toute vie, homme ou bête, du moment qu'il s'agit d'un être animé : domaine très vaste, mais non infini. Il est doué d'une grande capacité d'assimilation. De ses diverses appartenances, il fait un brassage parfait : le lieu géographique de sa naissance, la famille dont il est issu, sa nationalité, la culture du milieu où il vit; il sait en faire une synthèse et cela lui convient, car il a pour aspiration première d'être un homme, avec toutes les possibilités que cela comporte.

Nous sommes donc en présence d'un être qui se refuse à ne penser qu'à une seule chose et à limiter son existence à quelques menues occupations. Au contraire, il a le sens des idées générales et peut s'intéresser à des questions qui ne rapporteront absolument rien, sur quelque plan que ce soit, pécuniaire, social, même intellectuel ou moral, s'il estime que cela fait partie de la condition humaine d'y appliquer un certain intérêt.

Transports, déplacements, communications

Son besoin de vibrer à l'unisson de la plus large collectivité pousse le natif du Sagittaire à se déplacer, à s'intéresser aux moyens de transport. Un natif du Sagittaire acquiert avec une admirable facilité le sens des convenances, des usages, des bonnes manières, des règles de la bienséance.

On le voit sympathiser avec son entourage, mettre dans des relations nouvelles d'abord de la bienveillance, éventuellement de la ferveur. Il est indulgent, tolérant, ouvert, accessible.

Le Sagittaire éprouve toujours un certain plaisir à s'activer dans ce qu'on appelle aujourd'hui la « communication »; il possède une certaine facilité à être naturel et sincère avec les gens dont il fait la connaissance. Son bonheur vient en grande partie des satisfactions qu'il éprouve à communiquer avec son entourage, avec un cercle de plus en plus vaste; c'est du moins l'impression qu'il donne. Il s'épanche, il se fait apprécier, il rayonne, il s'épanouit, il vit en pleine sympathie avec les gens qu'il est appelé à voir ou qu'il a recherché dans un milieu qui est le sien, mais qu'il élargit sans cesse et où sa personnalité donne toute sa mesure.

C'est dans ce genre d'activités que le natif du Sagittaire trouve son équilibre.

Sous des influences dissonantes, il peut arriver que cette attitude le conduise plus ou moins à un échec, mais cela peut ne pas l'impressionner. Il veut, dit-il, vivre au-delà de lui-même, il veut vivre autrement que pour lui seul et c'est ce qu'exprime la phrase qu'on lui applique souvent : suivre sa flèche. Il ne suit pas une direction qui lui a été donnée; il lance lui-même sa flèche, et puis, en esprit du moins, il part à la suite de sa flèche, de bas en haut.

Si des influences s'y opposent...

Au cas où son élan aboutirait à un échec, que deviendrait le natif du Sagittaire parti à la suite de sa flèche ? Il faut forcément le prévoir pour explorer toutes les possibilités de sa psychologie.

Si le bien-être venant d'une bonne communication avec son entourage est terni par quelque influence contraire, si son activité se solde par un échec, qu'advient-il du Sagittaire ? En général il ne cesse pas de suivre son processus d'élargissement, de développement. Mais il se voit contraint de rester seul avec lui-même.

Le cercle s'est resserré et le Sagittaire, supposons-le, s'est retrouvé seul. Ses aspirations, sa volonté de communiquer avec les autres heurtent le vide, se rencontrent elles-mêmes, se gonflent réciproquement, et c'est sa propre personne que le Sagittaire prend en considération. La suite est toute différente. Saisi d'un certain délire des grandeurs, le Sagittaire devient alors la victime de ses propres élans.

Se considérant comme une valeur méconnue, incomprise, le Sagittaire se confine alors dans un vain regret et sa vanité froissée le fait beaucoup souffrir. C'est exactement le genre d'échec qu'il doit éviter à tout prix.

A tout prix : dans le cas qui nous occupe, c'est la renonciation. Le Sagittaire devra, devant un échec d'une telle dimension, renoncer à son projet instinctif, si noble qu'il lui paraisse et, pour quelque temps, conserver sa lumière sous le boisseau.

Il faut attendre que les astres changent, ce qui arrive forcément, et se réserver pour le jour où les barrières tomberont, car elles tombent toujours, un jour ou l'autre. La force de l'individu, c'est de savoir qu'elles tomberont et d'être prêt à reprendre l'action.

S'il n'est pas un superdéveloppé interne, avec une enflure de sa vanité qui l'empêche de vivre normalement, et s'il n'a pas la patience d'attendre que les conditions changent, le Sagittaire se trouve devant une troisième possibilité.

Il peut se révolter contre un certain aspect des choses, atteindre par cette révolte une démesure inspiratrice qui le poussera à créer quelque grande œuvre. C'est la solution la plus intransigeante, la plus difficile et la plus brillante dans le cas de barrage. C'est pour cela qu'on dit souvent que le génie a besoin de difficultés et d'obstacles pour se manifester dans toute son ampleur.

Le Sagittaire choisira selon son caractère, selon les influences qu'il subit et, plus probablement, selon les aspects astrologiques de son ciel. Car, dans de tels dilemmes, il semble bien que les astres jouent leur rôle.

On aura donc soit un rebelle, soit un conformiste. Le rebelle tentera de passer outre aux barrières et aux obstacles, le conformiste essaiera d'attendre que les conditions changent d'elles-mêmes.

Le Sagittaire en rébellion

Il est possible que les planètes dictent l'attitude du Sagittaire dans un ensemble dissonant.

Le Sagittaire ne sentira jamais ses forces diminuer; au contraire, plus il rencontrera de difficultés, plus il se sentira de taille à les surmonter.

Alors, les barrières se consolident, augmentent d'épaisseur et de hauteur. Il rage, il est furieux, il veut modifier son destin et il n'y parvient pas. Ses forces sont loin de s'épuiser et il lutte avec une ténacité digne d'un meilleur résultat.

Il est de la lignée des Prométhée et des Titans. Mais lui, il reste à l'échelle humaine.

Ce Sagittaire rebelle va s'insurger non seulement contre l'injustice mais contre tout ce qui constitue, en fait, la réalité du milieu où il évolue. Il devient un révolté permanent et, bientôt, il ne saura même plus contre quoi il se révolte. Il est prêt à devenir un inadapté.

Il continue à vouloir imposer ce qu'il pense être son droit, et la rudesse de ses démonstrations n'exclut jamais une grande générosité instinctive. Il est celui qui entre en lutte contre tous les vieux poncifs, contre les préjugés, les idées préconçues. Il n'accepte aucune équivoque et sa franchise reste intégrale.

Il reste actif, mais il n'agit que par bonds, par

Jean Calvin. *Gravure du XVIe siècle.*

éclats, et jamais avec continuité. Il a des périodes de découragement.

Il va s'élancer fougueusement sur toutes sortes de voies jusqu'à ce qu'il ait trouvé celle qui lui convient et sur laquelle, enfin, il pourra tenter un bon parcours, comme un pur-sang qu'il est, au fond.

Il lui fallait seulement une direction précise, mais peut-être aussi que les astres veuillent...

Le Sagittaire conformiste

Selon les planètes présentes dans son ciel et selon leurs aspects, le Sagittaire peut fort bien suivre une autre voie. Alors, au lieu de s'insurger contre son milieu, il s'y sent à l'aise, il s'y épanouit. Il s'adapte avec une grande aisance aux circonstances extérieures. Il communique comme il le souhaite, mais dans un cercle plus restreint. Il est partisan de l'ordre et de la légalité et ne proteste plus contre l'autorité qui fait respecter le droit par la force. Il accepte les conventions sociales et il apprécie les distinctions honorifiques, le standing et le prestige. Il est conformiste et bâti pour le bonheur.

Il a du savoir-vivre et du savoir-faire; il est heureux et il répand une certaine joie autour de lui. Il est humain, pacifiste, libéral, généreux, compréhensif. Il aime la société, mais la bonne société. Il conserve un côté chevaleresque, mais il n'est plus Don Quichotte.

Il est décontracté et optimiste et, en général, il ne tarde pas à réussir prodigieusement dans la vie.

Il va de soi que les caractères des Sagittaire ne sont pas aussi nettement tranchés; en fait, ils ont en général un peu de l'un et un peu de l'autre, ou bien ils sont l'un ou l'autre alternativement et par périodes. Leur état de santé, leurs hormones y sont peut-être pour quelque chose et certainement les aspects planétaires dans leur ciel du moment.

Résumons-nous

Après ces commentaires détaillés qui peuvent paraître très touffus aux gens pressés, résumons-nous.

Schématiquement, le Sagittaire se définit comme masculin, digestif, amplement conservateur, gouverné par Jupiter. Ses qualités dominantes sont la sérénité, la mansuétude, l'extrême bienveillance et l'esprit de justice. Son œuvre est l'organisation, la conservation, la mise en valeur du savoir humain. Les universités, les bibliothèques et les musées ont été créés par lui, ce qui lui donne une grande objectivité de pensée et le pouvoir de créer des philosophies pratiques, des règles de vie auxquelles il se soumettra toujours afin de donner l'exemple. De là, chez lui, une passion contenue, une foi agissante et l'amour des traditions – en souvenir des bienfaits qu'elles ont apporté –, le désir de conserver, d'étudier, de répandre tout ce que l'esprit humain a produit de meilleur et de plus admirable.

Mais comme le Sagittaire est le signe des relations diplomatiques et partage, avec le Capricorne et la Balance, l'art de conduire la vie politique, il arrive que le Jupitérien se décide au combat et conduise avec maîtrise et sang-froid sa volonté de vaincre.

Ces qualités, il les transpose dans la vie courante, où il commande, organise, dirige, préside, assume une tâche dont le but est le bien public. Toujours bienveillant, affable, sachant arbitrer les différends – sa plus grande qualité n'est-elle pas l'esprit de justice ! – prenant en main l'administration des biens communs, il conduit sa vie, celle de ses concitoyens et celle de sa famille avec une rassurante sérénité.

Portrait physique d'un Sagittaire

Le portrait physique du natif du Sagittaire contient

deux possibilités. Certains sujets sont introvertis, durs, sombres, pessimistes, prêts à la révolte; d'autres sont des Jupitériens à l'état pur. Cette différence peut provenir du fait que le type jupitérien se développe mal dans des circonstances trop contraignantes. Si son enfance a été pénible et les épreuves trop fortes, le Sagittaire ne conservera pas l'aspect dilaté et triomphant – ou tout au moins serein et dominant – du type jupitérien. On se trouve alors devant un visage allongé au profil convexe, à l'aspect sombre, au teint peu coloré : un type saturnien.

Le type le plus fréquent, pourtant, parmi les Sagittaire est le type fortement influencé par Jupiter. C'est surtout un extraverti. Il est de grande taille, large, avec des gestes apaisants. Cette perfection jupitérienne se manifeste vraiment à partir de cinquante ans et elle marquera le départ d'une réussite réelle dont le sujet aura soigneusement posé tous les jalons; ou bien d'une renonciation à une telle réussite grâce au bon sens et à un jugement sain, refusant toute illusion. Une sorte de sérénité dominera alors la grisaille médiocre de sa vie.

De toute façon, il paraît être un personnage important et tranquille. Il a l'air d'avoir atteint son but. Sa place n'est pas toujours celle qu'il espérait. Toutefois, un Sagittaire peut, s'il n'a pas le goût de la révolte, vivre dans l'état d'esprit satisfait de celui qui a réussi, à moins de n'avoir pu survivre aux échecs. Mais il est généralement solidement installé dans la vie.

Il tient à imposer ses vues et à les considérer comme ayant force de loi, cela dans un climat d'obstination douce et continue qui finit par obtenir ce qu'il attend. Cet entêtement tacite, à peine exprimé, est très admiré de l'entourage du Sagittaire, qui n'agit qu'à ses instigations.

Mais il est loin d'être un despote. Ses intentions sont trop bienveillantes pour cela. Il obéit simplement à des règles supérieures dont la discipline

Paracelse, alchimiste et médecin suisse du XVIe siècle.

est strictement morale et s'appuie sur de hautes traditions.

Il possède un front olympien, preuve de sa paix intérieure; il a une autorité grave et sereine, le sourire tranquille et facile. Ses gestes sont mesurés et symétriques. Son regard est paisible et ses yeux très mobiles.

Sa bouche, aux lèvres un peu renflées, signale qu'il apprécie les réceptions sans négligences, les bonnes tables avec des menus délicats, pour lesquels semble avoir été inventé le mot raffinement.

Il a le teint clair et son visage pourrait s'inscrire dans un trapèze dont la grande base serait l'inférieure.

L'ensemble des traits est régulier, l'œil est grand, le menton ferme, le corps construit pour les exercices physiques.

Ce bel ensemble est un élément encourageant permettant au Sagittaire de « garder la face » en cas de catastrophes personnelles et, peut-être, de reprendre plus vite le dessus.

La démarche est rapide et rythmée. La tenue, l'habillement, la présentation sont soignés, la voix bien posée et la poignée de main chaude et sèche.

Nous avons ainsi tracé le portrait approximatif, au moral et au physique, des natifs du Sagittaire. De ces deux types, en fait unis par un grand nombre de traits communs, rayonne toujours une certaine sympathie, un caractère très humain, une particulière noblesse de pensée.

Que peuvent-ils trouver dans leur destin et quelles sont les voies qui vont s'ouvrir devant eux ?

Le prochain chapitre traitera de leur destin. Que font-ils dans la vie ? Que devrait-on leur conseiller, si, toutefois, ils sont disposés à entendre les conseils ? Peuvent-ils lutter contre les éléments négatifs de leur personnalité ?

Gérard Philipe.

Le mois de décembre. Calendrier des Bergers, *XVe siècle.*

Chapitre II

Le destin des natifs du Sagittaire

« Tout classement est supérieur au chaos. »
CLAUDE LÉVI-STRAUSS.

On peut considérer qu'une destinée semblable attend tous les natifs d'un même signe. Ainsi, tous les natifs du Sagittaire auraient, en somme, la même destinée. Au premier abord, cette déclaration paraît invraisemblable. Pourtant, si l'on tient compte du fait que les événements ne s'y déroulent pas dans le même ordre, si on ne considère que la somme de ces événements, et si l'on reste très objectif, on constate que c'est exact et que tous les natifs d'un même signe ont des événements semblables échelonnés le long de leur vie.

Pourquoi s'en étonner ?

Il faut d'abord considérer que nous attirons beaucoup d'événements qui ne nous arrivent que parce que nous les sollicitons. Combien de fois ne dit-on pas, au récit d'une mésaventure : « Il n'y a qu'à lui que cela arrive ! » C'est parce que nous savons tous que nous agissons d'une manière qui nous est propre et dont les conséquences sont forcément les mêmes.

D'autre part, si on interrogeait un Sagittaire pour lui demander s'il pense que sa destinée est toute particulière et que nul n'en a une semblable à la sienne, on serait étonné de l'assurance avec laquelle il affirmerait que sa propre destinée est absolument unique, même si tous les autres natifs du même signe en avaient une exactement semblable.

Ce qui n'arrive qu'à nous et les événements de notre vie sont démesurément grossis par l'effet de perspective selon lequel nous voyons plus grands les objets qui sont près de nous.

Dites à un Sagittaire que ce qui lui arrive arrive aux autres et que tous les Sagittaire ont un semblable destin :

– Eux peut-être, vous dira-t-il en parlant des autres, mais pas moi.

Et cela, ils le diront tous.

– Alors, m'a objecté quelqu'un un jour, il n'y aurait que douze type de personnes, douze destinées ? Un type, un destin par signe du Zodiaque ? On s'en apercevrait !

Justement, on s'en aperçoit ! Mais il faut admettre que les détails changent, et aussi l'ordre dans le déroulement des faits.

Nous avons vu quelle était la psychologie du natif du Sagittaire et quelles ressources étaient en lui dès sa naissance. Il nous reste à voir l'usage qu'il en fait.

En outre, quelles sont ses chances ? Est-il fait pour une destinée brillante ou remarquable ? Pour cette personnalité pleine d'intérêt, existe-t-il de grandes chances d'un beau destin et que doit-il faire pour bénéficier de ces chances ?

La santé, élément important

Ce que le Sagittaire est capable de faire dépend en partie de sa santé.

La santé nous est-elle donnée avec nos autres qualités, à notre naissance, ou bien devons-nous l'acquérir ou la conserver par nous-mêmes à force de volonté ? Chaque signe donne à ses natifs des caractéristiques physiologiques qui rendent particulièrement sensibles certaines parties de leur coprs, tandis que d'autres parties ne semblent craindre ni les intempéries ni les fatigues.

La tradition place chaque signe sur une partie du corps d'un homme théorique et abstrait qu'on appelle l'Homme-Zodiaque. En ce qui concerne le signe du Sagittaire, il se place sur l'Homme-Zodiaque aux hanches, aux cuisses, en haut des jambes. On dit parfois qu'il est vulnérable par la glande thyroïde, mais cela n'est pas indiqué sur l'Homme-Zodiaque. Traditionnellement, c'est le système musculaire et articulaire qui est en cause.

On dit aussi que les natifs de ce signe se distinguent par la présence d'un doigt supplémentaire et qu'ils ont les incisives « en palette ». Je connais bien des Sagittaire qui ont des mains et des pieds tout à fait normaux. Quant aux incisives, il est vrai que nombre d'entre eux les ont larges, bien visibles et espacées (les « dents de la chance »). Mais cela ne me semble pas réservé aux seuls natifs du Sagittaire. On dit encore que les natifs du Sagittaire ont les doigts qui ne s'écartent pas aussi largement que chez les natifs des autres signes; c'est encore une rumeur sans fondement, car il n'y aurait alors aucun natif du Sagittaire capable de jouer du piano.

En fait, le natif du Sagittaire présente au contraire un physique robuste et bien équilibré. C'est la partie animale dont le natif du Sagittaire aime prendre soin : il pratique les exercices physiques nécessaires à la musculature, la ligne et la force. Jusqu'à un âge avancé, il reste un sportif; en tout cas il fait suffisamment d'exercice en plein air pour garder sa santé, sinon il s'efforce de s'accommoder des circonstances, mais il en est malheureux.

Les filles nées sous le signe du Sagittaire ont souvent, au cours de leur enfance, un caractère de « garçon manqué » ; elles aiment les exercices physiques plus que la toilette. Aujourd'hui, cela ne frappe personne, mais, il y a cinquante ou cent ans, on le

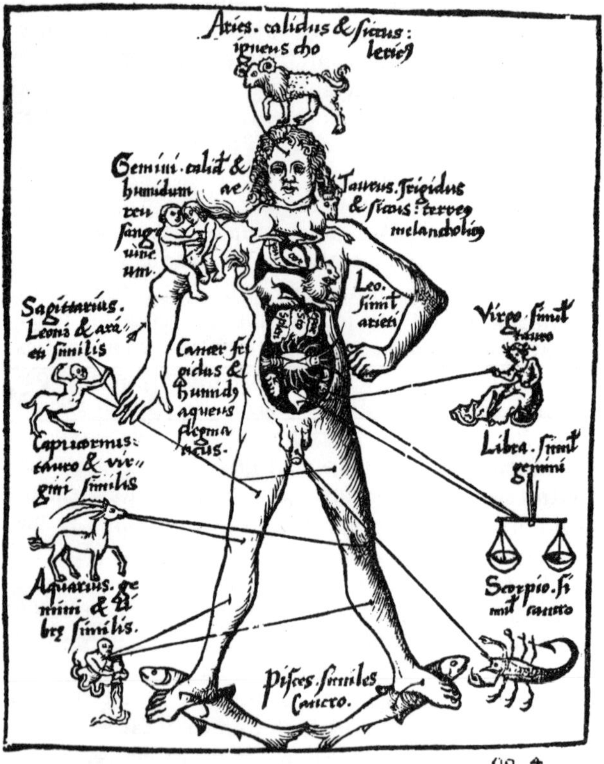

Homme-Zodiaque. Gravure pour la Margaritha Philosophica *de Reisch, 1535.*

remarquait et, dans certains cas, on tentait de ramener ces enfants à plus de grâce et moins d'énergie. On doit donc se souvenir que la femme du Sagittaire est une sportive et qu'elle ne peut pas se passer d'exercice physique en plein air.

Le corps des Sagittaire est bien proportionné, plus robuste que gracieux, mais, s'ils ne s'en méfient pas, un certain embonpoint les menace avec l'âge.

Les femmes doivent craindre la cellulite.

Les désordres de santé, chez les natifs du Sagittaire, sont généralement dus à la nutrition et au métabolisme.

Il faut que le Sagittaire contrôle soigneusement son poids et son régime. Certains disent : « Mieux vaut faire envie que pitié », mais actuellement on connaît les règles de l'hygiène. On ne fait plus « envie » quand on est gros, mais au contraire quand on est mince et musclé.

Les phénomènes congestifs d'origine hépatique entraînent des dermatoses, des irritations, des troubles circulatoires portant sur le système veineux, et aussi des perturbations dans le fonctionnement de la vésicule biliaire. Conséquences plus lointaines, mais de même origine, des douleurs comme la sciatique et, parfois, un fonctionnement défectueux de la glande thyroïde.

Une bonne diététique peut lui éviter la plupart de ces troubles.

L'intelligence du Sagittaire

Avant d'être un intellectuel, le natif du Sagittaire est un être fait pour la vie concrète et matérielle. Néanmoins, son esprit peut facilement se tourner vers d'autres travaux.

L'équilibre d'un Jupitérien lui ouvre bien des portes. Sa logique lui permet de réussir dans des branches diverses pour peu qu'il le veuille et, comme il est toujours en éveil et bien disposé – c'est un être d'humeur égale –, il peut essayer ce qui lui plaît. L'essentiel, pour lui, c'est qu'une certaine notion de standing, de position sociale, de grandeur même, puisse s'attacher à ses études ou apprentissages.

A cette ouverture d'esprit s'ajoute l'imagination, surtout chez les natifs du deuxième décan; et aussi l'esprit critique, chez ceux du troisième décan.

Cet équilibre intellectuel est caractéristique du Sagittaire. S'ajoutant à son physique avantageux et à une certaine assurance, il permet de penser à une carrière politique.

Plus complet encore qu'on ne le croit en général, le Sagittaire, parce qu'il a été conçu sous le signe des Poissons, bénéficierait en outre de dispositions artistiques appréciables; c'est du moins l'avis de Marie-Louise Sondaz, dont on sait la réputation et la compétence.

En fait, ces dispositions sont également contrôlées par l'intelligence.

Et d'autres dons...

La volonté du Sagittaire est donc sous le contrôle de son intelligence. Les études, la lecture, les conversations peuvent être passionnées et durer des heures sans que l'ardeur faiblisse. Le Sagittaire, en bon signe de Feu, sait aussi déclencher les enthousiasmes et les partager passionnément.

Cette volonté est de trois ordres. Chez le natif du premier décan, elle est objective et il s'efforce toujours de transmettre les notions générales telles qu'il les a reçues. Ce goût et ce don lui donnent des dispositions pour l'Histoire et pour l'enseignement en général.

Dans le second décan, la volonté du Sagittaire paraît plus subjective, glissant vers un certain mysticisme, le sujet constitue lui-même sa philosophie, la construit et tente de l'exposer avec zèle.

Le natif du troisième décan se considère comme détenteur de vérité; il cherche instinctivement à imposer ses idées et ses thèses; il en arrive à manquer d'impartialité. C'est une volonté effective, dont les arguments portent.

D'une manière générale la volonté du Sagittaire est basée sur une intelligence solide et logique, qui peut atteindre une très grande valeur chez le sujet supérieur; le sujet moyen est déjà tout à fait en mesure d'imposer ses idées; le sujet inférieur peut devenir entêté. Poussé à l'excès, le Sagittaire inférieur, ne disposant que d'éléments négatifs, se montrera illogique, incapable de bâtir un bon raisonnement, et sa volonté sera, en conséquence, amorale et capricieuse.

Mais, quel qu'il soit, le Sagittaire se distingue toujours par une structure morale très solide, et le pire des cas n'est pas encore très mauvais. S'il se sent un peu trop en dehors du droit chemin, le Sagittaire fera son autocritique, ne se corrigera certainement pas, mais jouera le jeu et feindra de posséder les qualités absentes pour ne pas être blâmé par les gens dont il souhaite la considération, comme le coupable qui se repent devant un tribunal pour que sa peine soit plus légère, mais qui ne songe qu'à recommencer.

Dans le mal, exploitant à l'extrême le côté négatif de ses possibilités, le Sagittaire ne perdra pas ses qualités de conducteur, directeur et meneur et il se fera des disciples dans l'immoralité.

Le subconscient du Sagittaire provoque en lui des remous violents dans l'imaginaire. Négativement, il peut délirer à froid; sa volonté n'est pas partie intégrante de lui-même, mais demeure une construction édifiée par son intelligence; ce qui fait que, dans les cas d'immoralité, elle peut éclater sous l'effet d'un choc psychologique et il n'en restera rien. Le natif qui suit la voie positive, celle de l'effort et de la morale,

LA BONN
MR MART
MME MART
LE CAPITA
LA BON
L'ÉLÈVE
LE PROF
outiq
naïfs
24 novembre au
à 21 heures
TTE
TE

et devient puissant, volontaire, riche, considéré, cordial et bon vivant, peut devenir à l'inverse, et d'une manière tout aussi extrême, le dernier des clochards s'il s'engage dans la voie négative.

La volonté du Sagittaire est importante et forte, mais elle doit être constamment soutenue par l'intelligence; le natif doit en être conscient et ne jamais se laisser aller.

La sensibilité du Sagittaire

Le natif du Sagittaire fait preuve d'une grande sensibilité. L'expérience lui est utile et lui apporte beaucoup parce qu'il a une bonne mémoire.

Cependant, on ne doit jamais négliger le caractère secret et la volonté tenace du sujet; il ne veut pas laisser voir ses émotions, aussi on pourrait le croire dépourvu de sensibilité. Il tient à une certaine impassibilité souriante et, si l'émotion est très forte, il se plonge dans des occupations variées, travail ou activité de loisir.

Dressée par sa volonté, sa sensibilité accepte de se plier aux disciplines morales, sociales ou religieuses, ou bien à une discipline personnelle composée de ces règles, et c'est l'originalité du Sagittaire.

La tenue et l'habillement

Dans la conception d'un destin, avec tous les éléments que comporte le développement de la personnalité, l'habillement, s'il ne constitue pas une donnée essentielle, est néanmoins de grande importance.

Considérons d'abord la femme du Sagittaire.

Tout comme dans sa psychologie, elle peut être

Eugène Ionesco.

dans sa façon de s'habiller, indépendante ou conformiste.

Dans le premier cas, elle tient surtout à la liberté et à la fantaisie, mais va facilement vers le « débraillé », vers des tenues pratiques du style « scout ». Le sommet de son élégance serait alors la jupe droite en tweed ou le pantalon bien coupé, également en rude lainage ou en peau de daim. C'est un style de femme à porter les cheveux courts et à se chausser de manière pratique et solide. Un style qui a tenté de gagner du terrain mais que la mode « rétro » a renvoyé dans le passé. Toutefois, il reste encore apprécié chez des femmes du Sagittaire.

Si elle est conformiste et conservatrice, la femme du Sagittaire cherche à atteindre une beauté sophistiquée mais distante, en prenant le plus grand soin de son aspect extérieur, mais en oubliant, volontairement ou non, de manifester la moindre bienveillance, jusqu'à un luxe dont l'insolence devient de l'exhibition.

Chez les hommes, les mêmes différences se remarquent, les uns partisans de l'extrême laisser-aller, les autres restant encore plus conservateurs que conformistes.

Les premiers adopteront facilement le style « jean » ou le pantalon de velours à côtes avec un pull à grosses mailles ou la chemise « décontractée », c'est-à-dire négligée; ou le cuir.

Les conformistes seront amateurs de costumes « trois pièces » dernier cri, avec les accessoires correspondants. Ils pensent être sincères en déclarant que leur situation les oblige à s'habiller avec cette recherche, mais, en fait, ils n'aiment que ce style et, si leurs ressources ne leur permettent pas de se l'offrir, ils ne sont pas heureux.

Le goût de l'aventure

Cet être né avec une charpente solide et le désir de développer et entretenir son système musculaire est tout naturellement tenté par les occupations qui utilisent de telles capacités. Il n'est pas fait pour des professions sédentaires bien que, souvent, il soit contraint de les exercer. Il garde sa fierté en disant que sa situation lui plaît, mais il en souffre sans jamais l'avouer.

Un Sagittaire aime le risque. Il aime braver le danger. Il se sent fait pour l'aventure. S'il suit sa véritable destinée, il rencontrera sa part d'épreuves comme tout un chacun, mais il aimera cela; s'il ne peut pas donner libre cours à son goût inné, il compensera sa privation par une activité sportive et de plein air, souvent un sport de compétition pour avoir le sentiment de la lutte, et il remplira ainsi tous ses moments de loisir.

Sa meilleure détente, c'est de voir du pays, que ce soit sac au dos, à moto ou à pied; il sera de ceux qui font du camp volant, de ceux qui s'en vont finalement très loin pour vivre la découverte. S'il peut choisir une profession de ce style, il sera très heureux.

L'orientation professionnelle du Sagittaire

Choisir une profession qui vous convient et dont le travail entre dans le cadre de ce qu'on aime faire est une des meilleures voies pour atteindre la réussite dans le bonheur.

Étant donné ce que nous savons sur le caractère des natifs du Sagittaire, nous pouvons maintenant déterminer les carrières qui lui conviennent le mieux.

Il faut que, dans son métier, il ait la possibilité d'utiliser sa force physique et son adresse et que, d'autre part, il ait également la possibilité d'utiliser

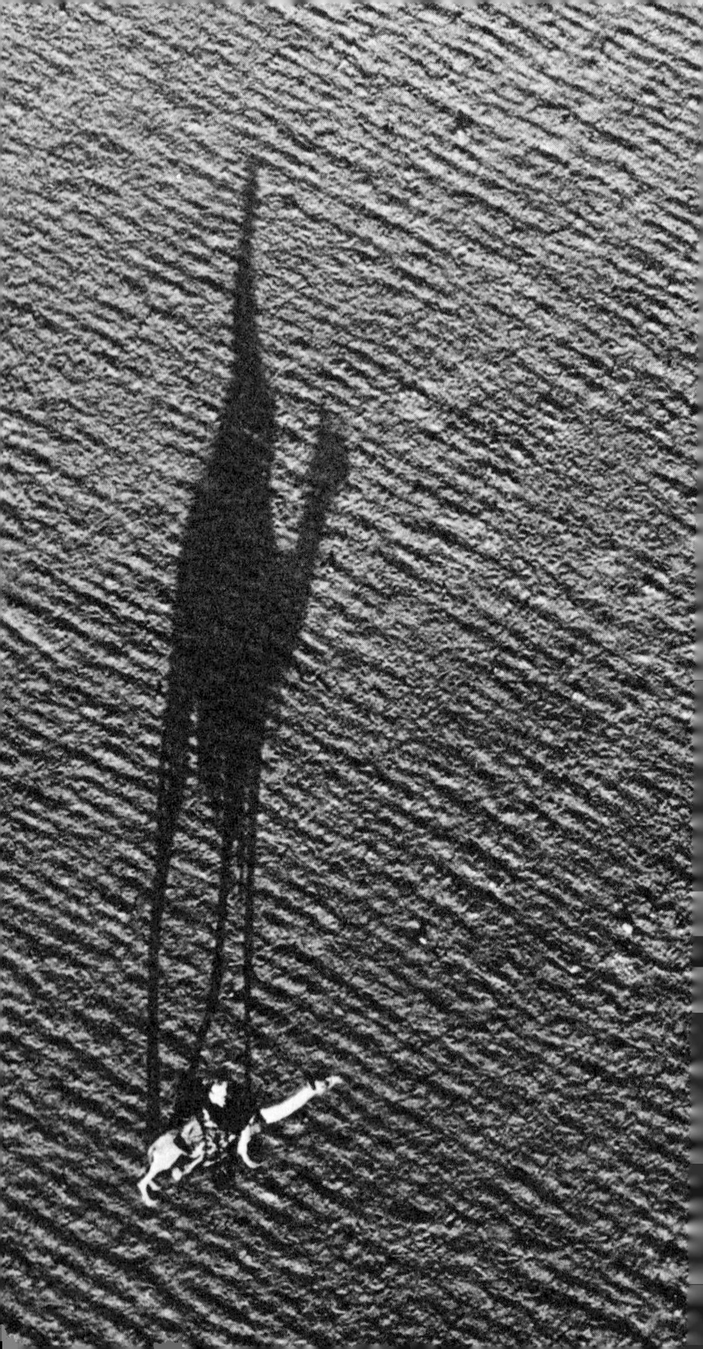

toutes les ressources de son intelligence, qui est assez axée sur la morale, le sens social, le goût de l'enseignement; il sera bon que sa tâche constitue un engagement moral, une élévation sur le plan spirituel.

Enfin, il est préférable qu'il évite la monotonie et l'uniformité.

Cependant, une situation fixe lui est nécessaire pour répondre aux impératifs de sa raison et de son bon sens.

Nous résumerons ses tendances professionnelles de la manière suivante : besoin d'indépendance; besoin de manifester l'esprit de solidarité; besoin de s'affirmer; facilité de contacts humains; conversations et communications faciles.

Toutes les professions concernant le cheval et le tourisme lui conviennent.

Mais il y en a d'autres.

Au caractère calme, réfléchi, plein d'une autorité sans violence du natif du Sagittaire, convient toute carrière bien réglée où il peut utiliser son ascendant personnel pour influencer les autres.

On cite volontiers, dans les monographies le concernant, l'enseignement, ou certains emplois administratifs, pour la stabilité qu'ils offrent. Il s'y préparera souvent dès le plus jeune âge en suivant attentivement l'école et en réussissant à ses examens, car il est un élève appliqué et possède les moyens intellectuels pour réussir. Vers quatorze ans, il choisira son but; à seize ans au plus tard. Mais il ne sera jamais indécis. Son plan tracé, il le suivra : ce plan , ce sera sa flèche...

Son orientation personnelle dépend évidemment du thème de sa naissance. Si Uranus est très puissant dans son ciel de nativité, il choisira des études scientifiques. Si Jupiter domine, il choisira les études littéraires. Si Mercure et la Lune sont en rapport harmonieux, il choisira les langues; s'il a Jupiter en bon aspect avec Mars, il choisira le droit. Si Mars et

Mercure s'harmonisent, il fera un bon avocat. Avec Neptune et Saturne dominant son ciel, il sera musicien.

Son choix sera fait une fois pour toutes et, dès cet instant il s'appliquera à parvenir aux meilleurs rangs dans sa spécialité : c'est le type du bon élève. Il ne suit qu'une seule idée à la fois mais il la suit jusqu'au bout.

Le style de travail du Sagittaire

Le natif du Sagittaire est un être systématique, logique comme un ordinateur et capable de s'imposer des lois, des règles, un rendement continu et régulier.

Cela nous donne la couleur typique de son style de travail.

Il jaugera sa tâche; il la divisera en sections selon le temps dont il dispose pour l'accomplir; puis chaque unité de temps devra correspondre, dans l'exécution, à la fraction prévue. Une fois cette règle fixée, il s'y tiendra.

Ce rythme délibérement choisi et respecté ne permet pas de fantaisie dans le travail, mais il assure une production régulière en quantité et en qualité.

Le travail en équipe n'est pas ce qui convient le mieux à un Sagittaire. Il est assez conscient des qualités qui lui permettent de dominer ses rivaux et il a une nette tendance à le faire sentir. C'est pourquoi il vaut mieux qu'il travaille seul. C'est donc peut-être dans l'enseignement qu'il pourra le plus facilement se réaliser s'il ne choisit pas une carrière libérale.

Natifs du Sagittaire, voici ce que vous pouvez améliorer en vous.

Quelle que soit la nature de chacun de nous, nul n'est parfait, même pas un Sagittaire, malgré la haute et bénéfique présence de Jupiter. Il existe en lui des faiblesses auxquelles il doit remédier et des qualités qu'il doit exalter, s'il veut mettre le maximum de chances de son côté.

Le Sagittaire est individualiste et toujours conscient de sa propre valeur. Il doit méditer sur le fait que la vie en société exige que chacun se plie aux exigences créées par la présence des autres.

Même dans une profession libérale, il y a toujours la nécessité du contact avec les autres. Vous aimez cela, Sagittaire, mais vous semblez penser que les autres ont moins de qualités que vous, que ce n'est pas leur faute et que vous ne pouvez décemment le leur reprocher.

En fait, ce que vous pensez d'eux transparaît de temps à autre dans un mot, dans une intonation, dans une expression fugitive, qu'ils risquent de saisir et d'interpréter; dans une marque d'impatience que vous croyez dissimuler parfaitement sous un sourire courtois et qui se trahit par un regard, ou par le discret battement de votre pied sous la table.

Vous devez vous maîtriser, devenir plus simples et plus détendus; et vous y arriverez si vous en êtes profondément persuadés; si vous pouvez vous convaincre profondément que votre bonheur, votre réussite, l'ambiance dans laquelle vous devez vivre l'exigent. Vous avez assez de volonté et d'intelligence pour y arriver.

Pourquoi laisser les autres penser que vous manquez de cœur, de sensibilité, alors que ce n'est pas vrai ? Sachez qu'il est agréable de découvrir un peu de spontanéité chez un Jupitérien comme vous. Il ne faut pas que vous demeuriez indifférent à ce qui plaît aux autres : leur satisfaction vous est favorable, elle contribue aussi à votre bien-être.

Devenir spontané, consentir à être vous-même, réellement, profondément, c'est un peu ce que les autres attendent de vous.

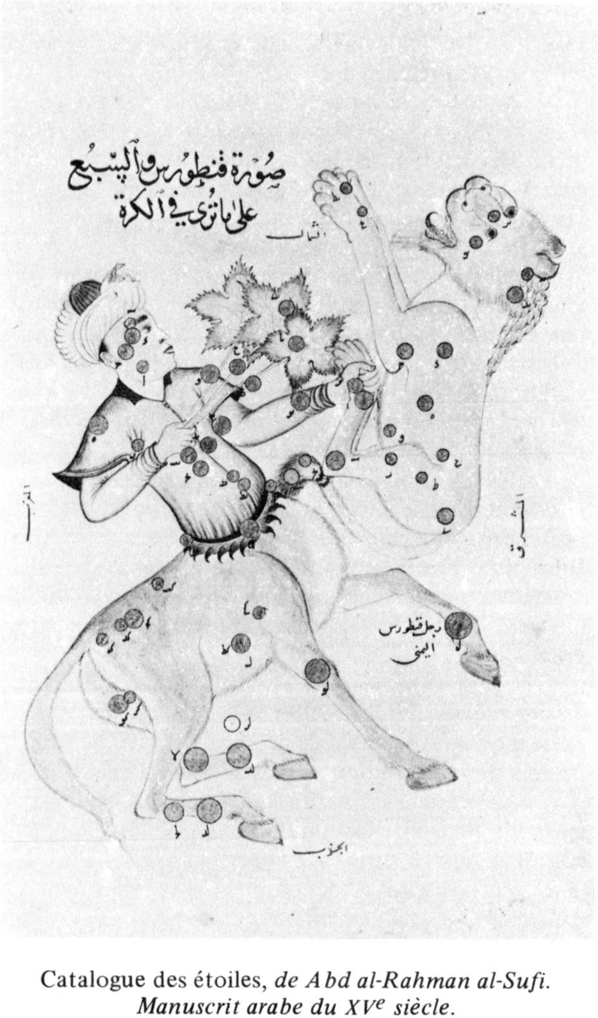

Catalogue des étoiles, *de Abd al-Rahman al-Sufi.*
Manuscrit arabe du XVe siècle.

Chapitre III
Les types mixtes du Sagittaire

Tous les Sagittaire ne se ressemblent pas : c'est ce qui donne parfois des doutes sur l'exactitude de la caractérologie astrologique.

Bien que toute science humaine ne soit qu'approximative, l'homme est si changeant, si nuancé, qu'il est difficile de le saisir et délicat de le dépeindre. En fait, la plupart des divergences entre un modèle vivant et le portrait tracé dans ces pages viennent du fait que ce portrait est théorique et représente un Sagittaire pur; tandis que le modèle vivant est le plus souvent ce qu'on appelle un type mixte.

Statistiquement parlant, pour un Sagittaire pur, il y a onze Sagittaire mixtes.

Le type mixte est un sujet né dans le Sagittaire, avec un ascendant d'un autre signe.

Le type pur est défini par son signe solaire, c'est-à-dire le signe zodiacal sous lequel il est né, avec le même signe en ascendant. Il est donc né un jour où le Soleil se lève dans le signe du Sagittaire, à l'heure où ce même signe du Sagittaire apparaît à l'horizon.

Tout se passe comme si, au cours des vingt-quatre heures du jour, on voyait défiler dans le ciel du lieu de naissance du sujet les douze signes du Zodiaque. D'où l'importance de l'heure de la naissance.

Le problème se complique à cause des heures locales, de la réglementation étrange qui veut que ces heures ne soient pas les mêmes en été et en hiver. L'heure qui compte, pour la détermination de l'ascendant, c'est l'heure qui aurait été indiquée par un cadran solaire placé au lieu même de la naissance : c'est l'heure véritable.

Des publications indiquent, pour les différents pays, les corrections qu'il faut apporter à l'heure officielle, celle qui figure sur les actes de naissance pour obtenir l'heure solaire. Quant à l'heure officielle de la naissance, elle est inscrite sur votre acte de naissance, que la mairie vous délivrera sur votre demande.

Quand vous aurez défini l'heure réelle de votre naissance, vous vous procurerez un autre document, également dans une librairie spécialisée, qui vous indiquera, selon les heures et les localités, quel est le signe zodiacal qui se trouve en ascendant.

Cette recherche est essentielle si vous voulez connaître l'exact développement de votre personnalité et mettre de votre côté le maximum de chances de succès. De même, si vous voulez faire choix d'un conjoint, il est intéressant, de connaître son caractère d'après le signe zodiacal de sa naissance, mais aussi d'après son ascendant.

Les positions planétaires, dont il sera intéressant de s'informer, agissent également sur le caractère des natifs d'un signe.

Sagittaire avec ascendant Bélier

L'influence de cet ascendant sur le Sagittaire sera bien reçue, car il s'agit de deux signes de Feu, donc harmonie entre le signe solaire et le signe ascendant. Les impulsions dynamiques de l'ascendant sur le naturel statique imposé seront efficaces.

Avec le Bélier, on a une psychologie primaire, c'est-à-dire un caractère qui prend ses décisions sur le premier mouvement et oublie souvent ensuite ce qui s'est passé; un être vivant au présent, avec des élans d'enthousiasme et beaucoup de vivacité.

La faiblesse du signe ascendant sera une témérité qui lance le sujet dans des entreprises et des aventures dont il ne sait même pas, quand il commence, comment il finira. Il a tendance à laisser les affaires sans les achever car il est toujours en train de recommencer quelque chose de nouveau. Mais la spontanéité et l'entrain que donne ce signe sont toujours imprégnés d'une sorte de joie printanière très sympathique.

Le Sagittaire est aussi signe de Feu; il a pour planète dominante Jupiter, tandis que c'est Mars qui guide et soutient le Bélier.

On peut sans notre aide tirer les conclusions. Quel que soit le type de Sagittaire considéré, conformiste ou rebelle, l'apport de l'ascendant Bélier est toujours très bénéfique.

Aux idéaux qui inspirent le Sagittaire, au sens des idées générales reçues grâce à la présence très influente de Jupiter dans son ciel, l'ascendant Bélier apporte un accroissement des forces physiques et morales par l'influence de Mars qui est sa planète dominante. Mars ajoute un élément d'agressivité, ce qui évite toujours la stagnation, l'envol trop haut dans le ciel des rêves et des idéaux inaccessibles. Les œuvres du Sagittaire garderont leur grandeur, leurs élans, mais accentués par l'agressivité martienne.

La spontanéité du Bélier s'ajoutera à la rapidité du Sagittaire. Il semble que, pour un Sagittaire, avoir le Bélier en ascendant soit une réelle faveur.

Malheureusement, comme toute médaille a un revers, ce supplément d'énergie pourrait rendre le Sagittaire coléreux et, dans le cas du rebelle, cela pourrait conduire à de regrettables manifestations de haine, très incompatibles avec l'ampleur de vues et d'action des natifs de ce signe.

C'est un simple avertissement et le sujet peut fort bien se méfier de lui-même et de ses colères.

Sagittaire avec ascendant Taureau

Le Taureau est un signe de Terre; il est dense, il

appuie fortement ses quatre pieds sur le sol; mais c'est un sol très printanier, plein d'herbe fraîche et de fleurs, et le Taureau en retire un goût artistique très sûr, le sens du confort et de la beauté, avec, néanmoins, celui de l'argent.

Le Taureau est rarement très idéaliste, mais il est charmant à connaître et solide dans la vie.

Il apporte au Sagittaire l'influence de Vénus, sa planète dominante, et, avec cette influence, le goût et le sens du beau.

D'une psychologie secondaire, il assure le jugement et donne du poids aux théories et aux idées que le Sagittaire peut concevoir. Pas de dysharmonie entre le signe solaire et son ascendant.

Le Sagittaire est expansif, et le Taureau l'est parfois avec un très grand charme et beaucoup de gaieté subite. Le Taureau est un dilettante qui apprécie tout ce que la Terre et la Nature peuvent apporter de bon, d'agréable, et surtout si cela peut être absorbé : il est gourmet.

De haut de ses illusions et de ses rêves vastes et fuyants, le Sagittaire saura apprécier les biens de ce monde avec l'appui du Taureau.

Le Taureau est plein d'élans de vitalité concrète, réaliste et humaine. Le Sagittaire voudrait un certain dépassement de soi, mais quand la joie est là qui chante et qui attire, même si la philosophie tente de vous entraîner très loin, elle va le faire dans un chant de triomphe.

Ainsi peut-on voir des Sagittaire ayant l'ascendant Taureau devenir des compositeurs merveilleux, chantant les plus belles symphonies et des hymnes à la joie.

On a deviné que Beethoven appartient à ce type...

Dans la vie courante des individus moyens, chez lesquels le génie parle moins haut, on rencontre néanmoins de telles influences et, sous l'action de l'ascendant Taureau, même le Sagittaire rebelle ne saurait se résoudre à dramatiser son action. Il pourra

Ludwig van Beethoven.

chanter sa révolte mais il n'en fera pas des journées de sang et de cruauté. Le Taureau arrive avec le printemps et les fleurs de mai, il n'a pas le goût du deuil.

On se trouve donc devant un être ardent, artiste, gai, bon vivant, actif, efficace, réfléchi, idéaliste à ses heures et habituellement travailleur consciencieux, capable d'assurer la sécurité et le bonheur des siens.

Il semble que cet ascendant soit très bénéfique.

Sagittaire avec ascendant Gémeaux

Le signe des Gémeaux est un signe d'Air. Le signe du Sagittaire est un signe de Feu. Le premier va opérer sur la personnalité du second une vitalisation qui attisera encore son ardeur.

Le signe des Gémeaux apporte un physique très différent du celui du Sagittaire. Le Gémeaux est d'allure jeune, bâti en finesse, le visage triangulaire, avec le front large et le menton très affiné. Un Sagittaire sous un ascendant Gémeaux peut très bien avoir un physique modifié.

L'ascendant Gémeaux apporte l'influence de Mercure. Qui dit Mercure songe au messager des dieux, à sa rapidité, à sa légèreté, à sa mission de communication.

Or le Sagittaire ne rêve que de communiquer, voyager, se déplacer et, comme nous l'avons dit précédemment, « suivre sa flèche ».

Avec un tel ascendant, il sera exalté dans sa propre essence et sera un super-Sagittaire. Il aura beaucoup de vivacité et peut-être moins de profondeur, surtout moins de sentiments affectifs, car le Gémeaux est un cérébral. Il ne s'embarrasse pas de trop de battements de cœur, prenant la vie comme elle vient et les amours comme elles se présentent. C'est un insouciant.

Sur la personnalité du Sagittaire, l'ascendant Gémeaux brode la légèreté et la fantaisie de Mercure.

Le sujet aura certainement l'esprit vif, pétillant; il aura une existence active, bien remplie, avec de la variété, des déplacements, des amusements et le goût des relations sociales, mondaines, humaines. Les professions où il pourra s'extérioriser sont faites pour lui.

De la scène à l'écran, à la radio et à la télévision, il pourra donner sa mesure si sa culture a été orientée dans ce sens. Si, au contraire, son entourage l'a formé en vue d'une carrière plus calme, moins publique, plus stable et plus sédentaire, il se sentira des ailes frémissantes et tiendra difficilement dans un atelier, derrière un bureau ou au sein d'une exploitation agricole. Il cherchera un prétexte pour s'en aller en voyage, soit pour s'amuser, soit pour s'informer, mais en tous les cas pour le plaisir du déplacement et du dépaysement. Il a toujours un message à transmettre et, comme il lit tout, il entend tout et il pense très vite; il fera généralement un sujet brillant, malgré les aléas auxquels l'expose sa vie errante et agitée.

Ce sera un personnage pittoresque et brillant.

Sagittaire avec ascendant Cancer

Qui est le Cancer et que peut-il apporter à un Sagittaire en ascendant ?

Des modifications qui se manifesteront au cours de l'existence du sujet.

Qui est, au fond, le Cancer ? C'est un signe d'Eau et, comme le Sagittaire est un signe de Feu, il n'y a pas d'harmonie et l'influence de l'ascendant sera désordonnée et mal accueillie.

Le Cancer apporte les directives de la Lune qui est sa planète dominante. Quelles sont les influences de la Lune ? Une grande tendance à la rêverie stérile, une certaine lenteur dans les mouvements, mais une sensibilité très grande et très profonde, avec une émotivité qui influe sur toutes les activités de la vie. Et surtout, le Cancer c'est l'attachement à ses propres sources.

Le Sagittaire, qui ne demande qu'à s'envoler dans les airs à la poursuite de ses projets, se sentira mal à l'aise, avec une sourde tendance à demeurer près du foyer familial et peut-être des tourments romantiques, des rêveries inspirées, la nostalgie du sein maternel...

Si le sujet a des dons artistiques, il développera cette dualité dans ses œuvres avec des élans de regret dont il fera d'immortels chefs-d'œuvre.

Si le sujet a une autre orientation, il se contentera d'une profession près de son foyer et près de sa famille. Heureusement, il pourra s'évader grâce aux loisirs et aux voyages d'étude, si courants à notre époque, alors que, dans le passé, il aurait été écartelé entre ses deux tendances.

Toute la tendresse dont est capable un Cancer sera transmise au Sagittaire par cet ascendant.

Si l'entourage s'y prête, un Sagittaire avec ascendant Cancer peut faire de grandes choses et apporter au foyer familial le bénéfice de ses acquisitions lointaines.

Un bon ascendant, surtout si l'on considère la nature exceptionnelle du terrain...

Sagittaire avec ascendant Lion

Le Sagittaire peut recevoir les influences brillantes et bourrées d'énergie solaire du Lion, signe de Feu, comme lui-même. Ici, une grande harmonie. L'un soutenant l'autre, car le Sagittaire est un feu à la fin de son ardeur, prêt à redevenir étincelle de vie dans le Bélier : le feu du Lion est fixe et à son apogée. Il va exalter le Sagittaire.

Le Lion est généralement un être fort, beau, fier jusqu'à l'orgueil, généreux à la folie et amoureux de tout ce qui brille. Il vit dans une permanente sensation de plénitude, quel que soit son rang, quels que soient ses moyens. Un Lion qui serait clochard le serait avec faste.

Cet éclat n'est pas dans la nature du Sagittaire, qui est plus actif que fort et plus capable que fier. Mais les éléments caractéristiques du Lion peuvent parfaitement exalter la personnalité du Sagittaire.

Il sera certainement brillant; il sera chaleureux.

Toute cette ardeur, soutenue par l'excellente moralité du Sagittaire, créera une nature chaude, vibrante, ardente à vivre et à se déplacer. On songe à certains chefs, à certains animateurs dont les ressources intellectuelles et affectives favorisent toutes les démarches.

Un Sagittaire avec le Lion en ascendant aura l'étoffe d'un chef, soit dans une entreprise, soit dans une activité officielle. Si le milieu dans lequel il a été élevé ne se prête pas à un tel développement, il saura trouver des moyens d'expression qui le feront remarquer favorablement, et sa présence ne passera jamais inaperçue.

S'il ne peut réaliser une grande œuvre humanitaire, il utilisera ses dons dans ses affaires et, même parti de peu, réalisera généralement une belle fortune. Santé presque inaltérable et grande force musculaire en feront un être forcément puissant et efficace. Mais qu'il n'en abuse pas, car son ennemi est le surmenage physique.

Sagittaire avec ascendant Vierge

Notre Sagittaire, signe de Feu, s'allie ici à la Vierge qui est un signe de Terre; il n'y a pas de grande harmonie, mais pas d'antagonisme non plus. Les problèmes, s'il y en a, viendront plutôt du caractère général du signe de la Vierge, très différent de celui du Sagittaire.

Le signe de la Vierge a pour planète dominante Mercure. Ce qui le caractérise surtout, c'est un refus systématique et instinctif de tout ce qui se rapporte à l'animalité. Le Sagittaire a des idées élevées et son comportement n'est pas celui d'un animal, mais il est solidement campé sur le sol avec quatre pieds, s'il a deux mains pour lancer sa flèche vers les hauteurs.

D'autre part, le signe de la Vierge est celui des récoltes et de la mise en réserve des produits dont la vie aura besoin en hiver. Le Sagittaire n'a pas de telles préoccupations.

Il y a donc quelques dissonances entre ces deux tendances : d'abord dans l'apparence extérieure. Le Sagittaire ne tient pas à l'élégance mais recherche le côté pratique en ce qui concerne son habillement. Son côté Vierge va se rebiffer et, s'il persiste à s'habiller en sportif ou en campagnard, ce sera certainement avec une élégance méticuleuse et un soin absolument maniaque de la netteté de sa tenue. Le natif de la Vierge est un être qui semble toujours habillé de neuf; le Sagittaire se pliera à cette habitude. D'autre part, le signe de la Vierge entrera dans les vues morales et idéalistes d'un Sagittaire, mais en rétrécissant son champ d'action, car il lui faut réfléchir longuement avant de prendre une décision.

Ainsi le fait de venir au monde avec un ascendant Vierge modifiera sensiblement le comportement d'un Sagittaire. Sans doute appliquera-t-il ses élans à l'exercice d'une profession, et sera-t-il simplement un excellent interprète.

De la mesure, de la sagesse, du calme dans un esprit constamment tourné vers les espaces neufs, voilà ce qu'apporte au Sagittaire un ascendant Vierge.

Sagittaire avec ascendant Balance

Le signe de la Balance est un signe d'Air. Avec le

Feu du Sagittaire, on aura certainement une union harmonieuse.

Ajoutons que l'Air de la Balance est un air calme et immobile, celui de l'équinoxe où les saisons se tiennent un instant comme en équilibre avant que la nature se replie en vue de préparer l'élan suivant. Ce calme, cet équilibre vont retenir le Sagittaire qui ne demande qu'à s'envoler loin de la notion personnelle d'individualité pour ne s'intéresser qu'à l'ensemble de ses semblables.

Avec l'ascendant Balance, il reçoit les influences de Vénus, planète dominante de ce signe, et cela, comme avec l'ascendant Taureau, va donner à son inspiration une couleur artistique. Il trouvera peut-être dans la peinture ou dans la littérature des moyens d'évasion et un style pour exprimer ce qu'il ressent.

La Balance apporte également le sens du droit, de la juridiction, et il est possible qu'un tel ascendant dirige le sujet vers des activités ayant pour but de lutter contre les injustices sociales.

Notre Sagittaire est ainsi guidé par le sens de l'équilibre, du droit, et par Vénus qui apporte un sens de la beauté, de la grâce.

Il réunit maintenant un grand nombre des qualités qui portent à la réussite. Pourtant l'excès d'équilibre de la Balance pourrait engendrer une certaine indécision qui retarderait ses mouvements.

Ce défaut n'est pas très grave dans la mesure où le Sagittaire en est averti : il ira de l'avant, vers les justes et les bons projets.

Une personnalité brillante, sympathique, avec la capacité de se faire de nombreux amis et relations, et une grande facilité de communication. Tout cela va pousser un Sagittaire avec ascendant Balance vers la réussite, déjà bien aidé par sa planète dominante qui est Jupiter.

Sagittaire avec ascendant Scorpion

Le natif du Sagittaire qui vient au monde à l'instant où le signe du Scorpion est en ascendant reçoit des influences probablement légèrement dissonantes, car le Scorpion est un signe d'Eau et le Sagittaire un signe de Feu. Il n'y a guère de points communs entre l'un et l'autre. Quelle pourra donc être l'action du Scorpion sur le Sagittaire ?

La planète dominante du Scorpion étant Mars, c'est l'agressivité à l'état pur qui va dominer cette influence.

Le Scorpion est essentiellement pétri d'agressivité. Son dard en est le symbole. D'autre part, il est profondément terrestre et enfoui dans la matérialité animale. Il va probablement peser sur la nature du Sagittaire, beaucoup plus léger, beaucoup plus expansif.

L'ascendant Scorpion apporte principalement au Sagittaire un sentiment d'indépendance qui devient farouche et agressif sous cette influence martienne. Il apporte aussi quelques inhibitions, par Saturne. Cela va certainement créer des problèmes au Sagittaire, avec modification sensible de son comportement.

Il est possible que, sous l'influence de l'ascendant Scorpion, le Sagittaire se sente dominé par un violent désir d'indépendance. Déjà tenté par une certaine indiscipline qui fait partie de son caractère fondamental, le Sagittaire « rebelle » peut se trouver poussé à des excès par cet ascendant volontaire et farouchement individualiste.

Le sujet connaîtra certainement des moments excessivement pénibles de luttes intérieures. S'il ne veut pas dégringoler au rang d'aventurier, avec un ascendant d'une telle rigueur et d'une telle agressivité, le Sagittaire devra lutter contre lui-même, contre ses tendances, et se plier, quoi qu'il lui en coûte, à un minimum de discipline pour « entrer dans le système », d'un côté facile et confortable, mais

Robespierre, le Sagittaire, guillotinant le bourreau après avoir fait guillotiner « toute la France » (musée Carnavalet).

aussi impitoyable pour les fantaisistes qui refusent de se plier.

Une vie difficile, en somme, mais combien passionnante si le physique suit, c'est-à-dire si la santé reste bonne.

Sagittaire avec ascendant Capricorne

Le Sagittaire aurait pu venir au monde avec un ascendant qui soit aussi le Sagittaire; dans ce cas, les traits que nous avons dépeints dans le premier chapitre de cette Deuxième partie sont exactement les siens.

Que se passe-t-il pour lui, si l'ascendant est le signe du Capricorne ?

Ce signe est placé sous la domination de Saturne. On donnait autrefois en Astrologie les plus mauvais pronostics lorsque Saturne était en jeu; aujourd'hui, selon la philosophie moderne, il n'y a rien qui ne soit *que* bon, il n'y a rien qui ne soit *que* mauvais. La présence de Saturne apporte simplement un frein, un ralentissement, un regard méditatif intérieur. Au lieu d'agir précipitamment sous l'impulsion première, ou même sous une impulsion contrôlée par le raisonnement, l'être placé sous influence saturnienne agit avec une très grande lenteur.

Le natif du Capricorne est lent, presque immobile, théoriquement, car en fait il fait comme tout le monde et il se déplace; mais il est lent dans les décisions à prendre, on le sent freiné.

Ce frein n'est pas inutile au Sagittaire.

La présence du signe saturnien du Capricorne en ascendant apporte au Sagittaire un calme et un flegme qu'il ne possède pas foncièrement, mais dont il apprécie chaque jour les avantages. Il n'est pas émotif et, de psychologie secondaire, il prend le temps de réfléchir avant d'agir.

Lourdement appuyé sur la terre, utilisant au

maximum ses capacités de réflexion et de compréhension, un Capricorne est régulier, sans faux-fuyants, mais aussi sans joie apparente, sans élans, sans ardeur. Ce n'est toutefois qu'un aspect.

Son influence d'ascendant du Sagittaire est à la fois logique, droite et réfléchie.

Il est possible que les ambitions nourries par le Capricorne soient adoptées par le Sagittaire qui lui donnera la rapidité de sa flèche. Il est possible aussi que ces ambitions soient trop profondément enfouies dans le psychisme du Capricorne, peu enclin à s'extérioriser, pour apparaître au grand jour et prendre leur essor. Alors, la vie du sujet sera lisse comme une eau calme, secrète comme cette même eau et, sous une apparence parfois brillante, cachera des rêves, des ambitions retenues, des décisions qui n'ont pas été prises à temps et qui se périment inéluctablement.

Sagittaire avec ascendant Verseau

Le Verseau, onzième signe du Zodiaque, est à la fin de l'hiver, dans une saison d'avant printemps, où la graine n'est plus un germe en puissance mais un véritable germe individualisé, une nouvelle plante qui est encore cachée mais qui apparaîtra en son temps.

Sur le fond du caractère que donne à ses natifs le Sagittaire, l'ascendant Verseau apporte une impulsion nouvelle : désormais l'individu en tant que tel ne compte plus; il y a, en face de l'individu, la collectivité, qui est faite de tous les individus.

Comme les Gémeaux et comme la Balance, le Verseau est un signe d'Air. Avec le Sagittaire qui est un signe de Feu, il ne peut pas y avoir de dissonance; les deux éléments sont faits pour s'entendre.

Le signe du Verseau est un signe qui efface les individualités pour ne s'adresser qu'à l'ensemble. Le Verseau est à ce point pénétré de cette sociologie altruiste qu'il ne sait pas s'occuper de lui-même, de s. famille; il ne sait que s'occuper des ethnies persécutées, des nations mises en servitude et des peuples sous-développés. C'est à de tels programmes que l'exaltation du Sagittaire tend à souscrire lorsqu'il est sous l'ascendant du Verseau.

Nous avons vu que le Sagittaire pouvait être soit un rebelle, soit un conformiste. Avec l'ascendant en Verseau, il a peu de chances d'être conformiste. Le Verseau est loin de l'être et sa présence va s'expliquer.

Notre Sagittaire, qui ne voyait jusqu'à présent que de grandes activités lointaines, voyages, déplacements et changements d'ambiance, se trouve placé devant un goût acquis pour les questions générales concernant l'humanité dans son ensemble. Le Verseau est un être qui ne garde rien pour soi; il distribue tout ce qu'il reçoit et c'est pour cela qu'il est représenté avec un récipient d'où s'écoule un flot liquide. Donner de l'eau, donner à boire sont des expressions typiques du style d'être des natifs de ce signe. Ils vont influencer ceux qui, nés sous le signe du Sagittaire, ont le Verseau en ascendant. Les idéaux du Sagittaire seront exaltés, et l'on donnera à boire à ceux qui ont soif et l'on donnera à manger à ceux qui ont faim.

Un signe de générosité, de sacrifice à une grande idée, donc une influence qui, pour ne pas rapporter un centime dans les caisses modestes de la famille, n'en rapporte pas moins beaucoup d'espérances et de joies très élevées au Sagittaire.

Sagittaire avec ascendant Poissons

Si notre Sagittaire vient au monde à l'instant où, sur la ligne d'horizon, paraît le signe des Poissons, son destin sera différent.

Que savons-nous du signe des Poissons ?

Il est le douzième sur le Zodiaque et après lui vient

Aquamanile en forme de centaure, XIIIe siècle (musée de Budapest).

le recommencement, avec le Bélier; il a pour planète dominante Jupiter; voilà un point commun avec le signe du Sagittaire; heureusement car, le Sagittaire étant un signe de Feu et les Poissons un signe d'Eau, l'accord entre ces deux tendances est difficile.

L'influence de l'ascendant Poissons va donc se manifester par l'intermédiaire de cette protection commune appelée Jupiter. C'est une planète qui porte au développement, à l'amplitude, au succès, à une existence large.

Le natif du signe Sagittaire, s'il a le signe des Poissons en ascendant, est favorisé.

Du signe des Poissons, il prendra certaines habitudes, par exemple échapper au monde limité des usages et des coutumes et refuser de se plier à ce qu'il n'approuve pas.

Nous avons donc un être porté vers l'idéalisme, une personnalité aux idées élevées et aux projets pleins de grandeur, animée par ailleurs d'un esprit non conformiste, mais dans une intention personnelle; dans le dessein, au contraire, de fraterniser avec l'humanité, avec la nature, avec l'ensemble du monde cosmique. Le natif des Poissons semble apte à communiquer directement avec l'univers tout entier. N'est-il pas prédisposé aux arts divinatoires ?

Le Sagittaire, réaliste et matérialiste, s'étonnera de sentir en lui moins de certitude et plus de nébulosité. Il s'étonnera de ne pas pouvoir suivre toujours le chemin qu'il s'est tracé sur la terre, quand, au contraire, il n'attend qu'une occasion de s'envoler.

Quoi qu'il en soit, si Neptune, qui est assez influent dans le signe des Poissons, apporte au Sagittaire beaucoup de rêve et pas mal d'illusions. Jupiter, à coup sûr, est garant d'un développement réel et bien conduit, apportant, avec la satisfaction d'une mission remplie, la joie de se dépasser soi-même et d'accomplir des actions pour lesquelles on doutait de ses propres capacités.

Ainsi, force, ampleur, puissance, grandeur de la personnalité sont le résultat de la présence des Poissons en ascendant dans le thème natal du Sagittaire.

Temple de Médinet Habout à Thèbes.

Page suivante : Traité d'astrologie, *de Mohammed ibn Hasan el-Saoudi. Manuscrit turc, 1582.*

تقسیم درجات برج قوس

Troisième partie

Le Baiser, *par Peter Behrens. Allemagne, 1898.*

Chapitre I
L'amour du Sagittaire

Nous avons étudié dans les pages précédentes la psychologie des natifs du signe zodiacal du Sagittaire et les types mixtes définis selon le signe qui était en ascendant au moment de leur venue au monde, par rapport au lieu de leur naissance.

L'intérêt de ces études est de permettre à chacun de nous de se retrouver, de se déchiffrer et de mieux se diriger ensuite dans la vie, en connaissant ses chances, ses dons, ses faiblesses et les pièges d'un sort contraire. On pourra également mieux connaître ceux qui nous entourent d'après leur date de naissance et leur ascendant, s'ils acceptent de nous donner ce renseignement.

Ces informations seront d'une grande utilité pour tous ceux qu'intéresse la formation de groupes, d'équipes, la réunion de personnes que l'on charge d'accomplir ensemble une tâche ou une mission déterminée. On évitera ainsi de réunir deux êtres aux personnalités mal accordées.

Par exemple, supposez une personne née sous le signe du Bélier, chargée de concevoir et de dicter le courrier à une personne née sous le signe du Taureau ou sous le signe du Cancer. La première résoudra très vite les problèmes posés par ce courrier, concevra les réponses en un temps record et les dictera très vite; l'autre prendra les notes lentement, posément, redemandant des précisions et suivant très mal le rythme imposé. Il ne pourra en résulter que des heurts, la première trouvant l'autre désespérément lente, la seconde se plaignant de ne pas avoir le temps nécessaire à une bonne exécution de son travail. Dans tel autre cas, si un natif du Cancer, essentiellement attaché à son foyer, est envoyé en mission lointaine en compagnie d'un Gémeaux ou d'un Sagittaire, gens qui aiment et apprécient les voyages, la satisfaction du second sera ternie par le premier qui ne cessera de rencontrer partout matière à contrariété.

En revanche, si l'on met en équipe professionnelle un Poisson rêveur et un Scorpion réfléchi et posé, vous aurez un tandem agissant selon des rythmes parallèles, donc dans la paix et l'harmonie.

De même pour la constitution d'une équipe sportive : il serait bon de connaître le signe de chacun des membres d'une équipe de football, par exemple, au moment de désigner les places de chacun.

On ne tient pas encore compte de ces données, mais je pense qu'on devrait le faire.

Il n'est pas question de croire aveuglément en l'Astrologie comme en une vérité claire et irréfutable, mais de l'envisager comme une science parallèle à la psychologie. En tout cas, l'Astrologie est très utile dans le recrutement du personnel d'une entreprise. Elle pourrait se situer au même rang que la graphologie.

Cependant on essaie d'en tenir compte en ce qui concerne la vie privée, l'amour et le mariage. On a même vu des personnalités en vue se renseigner pour la date de naissance de leurs enfants...

Beaucoup de gens qui font confiance à l'Astrologie pour le choix d'un partenaire commettent cependant une erreur : ils confondent amour et mariage.

Dites-vous bien ceci : dans l'Astrologie, l'amour est en Maison V et le mariage en Maison VII. L'amour voisine avec les loisirs et les amusements, le mariage avec les associations...

Il va de soi que ces deux notions peuvent très bien ne pas être contradictoires et les planètes favoriser les deux Maisons ! Si les planètes favorisent chez les deux partenaires la seule Maison V, rien ne les empêche de s'aimer et même de se marier; l'Astrologie ne prononce jamais d'interdictions. Simplement, si vous êtes dans ce cas, sachez ceci : votre union sera basée sur une passion; l'amour est une passion et, comme telle, il est brûlant, parfois orageux, il suscite la violence, apporte des joies indicibles qui peuvent être suivies de crises de désespoir ou de rage et puis revenir encore plus profondes. Ce n'est certainement pas la sérénité. Cela n'interdit pas le mariage; mais, prévenus de ces conditions, vous ne vous étonnerez pas si votre union est mouvementée. Ne sombrez pas dans le désespoir : simplement, pensez que vous devez faire plus d'efforts pour consolider votre union. La tendresse et la compréhension ne viendront pas seules et il faudra pour cela sinon des épreuves, du moins un contrôle de votre propre conduite et de vos attitudes envers votre conjoint afin de minimiser les incidents. Un couple soudé par un sentiment passionnel est exposé à des risques d'éclatement; c'est à vous, à partir du moment où vous êtes informé, de ne pas laisser pâlir la flamme.

Si, au contraire, les planètes sont en aspects favorables dans votre Maison VII, ne soyez pas anxieux pour l'avenir : vous êtes amoureux, vous décidez de vous marier, ne vous étonnez pas si la flamme n'est pas un grand incendie. Sachez qu'elle durera, lumineuse et chaude; et, lorsque l'amour-passion diminuera, l'amour-tendresse sera prêt à prendre la relève. Votre couple vivra dans une certaine complicité conjugale faite de confiance, de compréhension réciproques qui ne cesseront de consolider votre union.

Quoi qu'on fasse, quand l'amour se manifeste entre deux êtres, ils n'hésitent pas à s'unir, quels que soient leurs signes de naissance : c'est une chose naturelle.

Quand une décision de cette importance est prise, est-il trop tard pour étudier les signes respectifs ? Non. Il n'est jamais trop tard et on sait bien qu'en amour aucun conseil n'est jamais écouté : si l'on avertit tel couple que les signes du Zodiaque ne sont pas favorables, le mariage se fait quand même. Mais soyons sensés : le Zodiaque n'interdit aucune union. Il indique simplement où se trouveront les éventuelles difficultés.

C'est la position que je prendrai ici, c'est l'opinion que je maintiendrai.

J'estime qu'il est nécessaire, même si on a pris la décision irrévocable de se marier avec la personne choisie, de la connaître le mieux possible, de la découvrir le plus tôt possible car, l'amour étant réputé aveugle, nous ne pouvons pas savoir la vérité alors que nous sommes troublés par la passion. Cette meilleure connaissance du fiancé, du conjoint, permet d'éviter les occasions de contrariétés réciproques; elle permet de conseiller le partenaire dans la voie dont on sait qu'astrologiquement parlant elle sera une réussite pour lui; on pourra ainsi mieux comprendre le sens profond des réactions du partenaire. Une compréhension réciproque est indispensable contre les discussions ultérieures.

Jouer avec son partenaire le jeu de la coquetterie, exciter sa jalousie est dangereux : on risque de se blesser et, malheureusement, il y a trop de circonstances où l'on se blesse involontairement pour chercher à en créer d'autres.

Certains esprits se disant rationalistes se méfient de l'Astrologie. Cependant, l'étude du caractère et des impulsions du sujet est basée sur la statistique. Elle a valeur d'étude psychologique et, comme l'Astrologie est une science humaine extrêmement ancienne, elle a eu le temps d'améliorer ses déductions et de rectifier ses éventuelles erreurs.

Les possibilités d'accord et les difficultés de collaboration sur le plan du travail professionnel feront l'objet du dernier chapitre; pour le moment, je pense être utile au plus grand nombre de mes lecteurs en considérant les natifs du Sagittaire face aux natifs des autres signes sur le plan de l'amour.

Il n'est pas question de déclarer que tel signe ne peut pas s'accorder avec tel autre : quand on s'aime, on s'accorde toujours; dans « accord », il y a cœur. Il s'agit de définir comment il faut interpréter les réactions de l'être qu'on aime.

Le Sagittaire, l'amour et la sexualité

Dans le ciel de naissance du Sagittaire, la Maison V, celle qui concerne l'amour et la sexualité, est habitée par le Bélier. Le Bélier est dominé par la planète Mars. Le Sagittaire est dominé par la planète Jupiter.

Le Bélier apporte un dynamisme certain, une spontanéité qui est toujours favorablement accueillie, une vivacité d'esprit et une rapidité d'action qui le rendent très sympathique. Mars est une planète suscitant une énergie parfois teintée d'agressivité, mais toujours prête à un nouvel effort, à une nouvelle conquête. Enfin, Jupiter appelle le succès.

Un natif du Sagittaire est toujours populaire et les personnes du sexe opposé le considèrent comme sympathique et gai. C'est un humoriste qui aime plaisanter et, lorsque ses plaisanteries se rapportent aux questions sexuelles, elles ont toujours beaucoup de succès et elles font rire.

Le Sagittaire, bien que loyal et possédant un sens moral nettement marqué, n'est pas incapable d'aimer plusieurs personnes en même temps. Et non seulement il est capable de mener plusieurs intrigues de front, mais encore il exige d'être tout à fait seul dans le cœur de l'autre. Dans ce cas, il n'aime plus du tout le partage. Ainsi applique-t-il en amour une double règle : il est l'unique possesseur de ce qu'il aime, mais il aime plusieurs personnes.

On a l'impression que le Sagittaire reste toujours jeune et la légende dit qu'il a découvert la « fontaine de jouvence ». C'est qu'il apprécie tant l'amour et la sexualité qu'il souhaite rester jeune avec tant de force que son Jupiter protecteur probablement l'exauce.

Il considère ses expériences variées comme de joyeux amusements et ne s'en trouble guère. Mais il dit que ce n'est pas cela qu'on appelle l'amour et que, en ce qui concerne l'amour, il est idéaliste. Et en effet, quand il aime vraiment, il devient idéaliste, réceptif, vulnérable. C'est une tout autre personne.

Notons que ce qui vient d'être dit s'adresse aux Sagittaire des deux sexes.

Amour, toujours...

Un Sagittaire est toujours très sincère en disant qu'il attend le grand amour, mais il s'amuse en attendant.

Comment voit-il cet état sentimental ?

Sans amour, son existence lui paraît vide de sens. Mais, pour lui, l'amour n'est pas ce sentiment romantique bien connu où l'on souffre, où l'on est angoissé, où l'on se pose sans cesse les mêmes questions. Pour lui, il s'agit d'une joie. C'est dans un état d'euphorie que l'amour, selon sa conception personnelle, doit se réaliser. Il n'a pas le rêve mélancolique, pas davantage le romantisme larmoyant. Il a le rêve heureux et plein d'espérance de bonheur, il a le romantisme gai.

Avant tout, il dira qu'il aime la liberté, ce qui peut inquiéter l'éventuelle jalousie de son partenaire; mais il garde toujours une bonne dose de conformisme conservateur et les traditions de fidélité, de respect du partenaire sont pour un Sagittaire chose vivante, réelle, valable et actuelle. Il est prêt à quelques sacrifices pour vivre le grand amour.

Conclusion : il (ou elle) veut être aimé (e), être heureux (se), il (ou elle) est prêt (e) à faire ce qu'il faut pour cela.

Jean Marais.

Il faudrait donc au Sagittaire un partenaire d'esprit large et comprenant une saine gaieté. Surtout pas de traître : il déteste le drame, encore plus le mélodrame. Pour lui, c'est triste et sans charme. Son univers tourne autour de son besoin d'aimer et, comme il jouit d'une longue jeunesse, il compte bien en profiter joyeusement.

Cependant, lorsque son choix définitif est fixé, on voit notre Sagittaire cesser de rire et de plaisanter; il se conduit comme les autres, et parfois comme le plus naïf débutant.

Poussé dès lors par une sentimentalité nouvelle et imprévue, le Sagittaire cherche l'amour et la tendresse et, parfois avec une maladresse qui étonne de sa part, il commet des erreurs qui lui sont, par la suite, très préjudiciables. Il ne sait pas voir les gens sous leur vrai jour : il les voit comme il souhaite qu'ils soient. Il cesse d'être perspicace dès qu'il s'entend dire qu'il est le seul, l'unique, etc., même si, très visiblement, ce n'est pas sincère.

Il faut que le Sagittaire sache d'abord que ce n'est pas parce qu'il aime donner des conseils qu'il se fait aimer, mais parce qu'il sait parfaitement bien écouter les confidences.

Ardent, expressif, généreux, le Sagittaire homme ou femme se livre avec une telle simplicité affective qu'il éveille d'abord la sympathie. Il veut pouvoir aimer; en retour, il demande d'être admiré et apprécié.

Il est attirant et il inspire une grande confiance, particulièrement chez les personnes du sexe opposé.

Il doit s'efforcer de ne pas donner trop de conseils, car c'est chez lui une habitude qui peut devenir lassante; qu'il se souvienne qu'on l'apprécie surtout parce qu'on peut lui parler, non pour ses conseils.

Un Sagittaire a beaucoup à donner, attirant les gens pour le seul plaisir de leur être sympathique.

L'amour-libération

L'amour éprouvé par un Sagittaire est cérébral plutôt que passionné. Les éléments qui font naître et qui entretiennent cet amour sont, en effet, étrangers à la sexualité. On peut conquérir un Sagittaire en lui parlant gentiment et avec admiration. A tous les coups, il se laisse faire.

Lorsque se présente une aventure amoureuse, le Sagittaire sent qu'il va enfin échapper à la monotonie quotidienne de son existence. Il est plus affectueux que passionné, mais il faut se garder d'avoir l'air de le savoir. Il faut qu'il puisse donner libre cours à sa fantaisie.

Il considère l'amour non comme un lien, mais comme la plus pure et la plus appréciable des évasions.

L'amour est pour lui une libération.

Lorsqu'il entame une nouvelle expérience, le Sagittaire se sent en voie de découvrir la lumière.

L'amour est son sauvetage. Quelqu'un à aimer et tout est changé. Par exemple, un voyage sans amour est une enquête, une mission, une information; avec l'amour, le voyage devient une aventure merveilleuse, illuminée et chaleureuse, inégalable et chaque fois la plus belle de toutes.

Dans la conversation la plus simple, le Sagittaire donne toujours l'impression de flirter. Sa courtoisie, sa galanterie, son amabilité et cet air d'être infiniment heureux d'avoir la chance inoubliable de rencontrer tel interlocuteur donnent une impression très particulière d'événement exceptionnel. Mais lui ne s'en aperçoit même pas. Cette attitude lui est naturelle, elle n'a pas de signification particulière.

Libéral, libertaire parfois, en tout cas se disant hors de toute convention, le Sagittaire souhaite pourtant savoir ce que les gens pensent de lui. Attend-il des éloges, ou bien est-ce un moyen de se rassurer ? (Il pourrait même devenir prétentieux.)

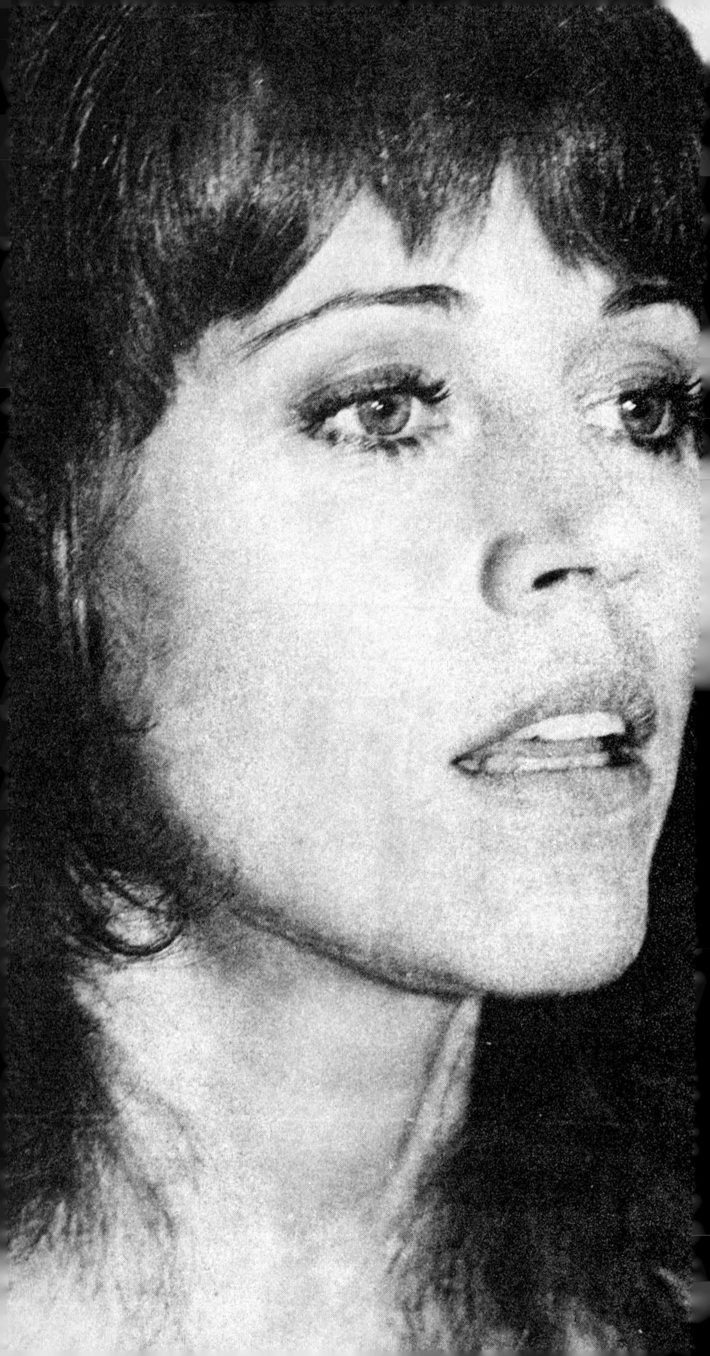

En tout cas, tous les problèmes qui lui paraissent importants ont l'amour pour origine.

Un amoureux dominateur

Quand le Sagittaire est sérieusement épris, il désire assumer toutes les responsabilités. Cela se sent dès les premiers jours : il est dominateur. Il n'y a que lui qui sache. Il faut qu'il explique, il faut qu'il prenne les décisions, il faut qu'il dirige. Il est capable de lutter, pour son amour; il est capable de franchir tous les obstacles et principalement les obstacles graves que représentent la famille et l'âge.

Cependant, ce goût de l'autorité ne semble pas avoir, en amour du moins, une base très solide. Le Sagittaire, contrairement à ce qu'il semble croire, peut se tromper. Il lui arrive de commettre des erreurs dont il souffrira par la suite.

Il est romanesque. Il se laisse leurrer par des espoirs, des rêves, des émotions. Désireux de regarder toujours bien plus loin que l'immédiat, il y parvient, mais il n'est pas toujours objectif. Ce qu'il voit, ce n'est pas ce qui est, c'est ce qu'il souhaite.

Lui, si capable de bon sens, n'en a plus dès qu'il est amoureux.

Le Sagittaire tient toujours à donner raison aux gens qu'il aime, et parfois ce n'est pas la meilleure voie.

Quelques bons conseils

Le Sagittaire raisonne toujours juste, sauf quand il est amoureux.

Il n'est pas nécessaire de pratiquer l'Astrologie pour conseiller au Sagittaire de noter soigneusement cette tendance. Il évitera ainsi de recommencer les mêmes erreurs.

Jane Fonda.

Il est absolument indispensable qu'il admette ce que lui dicte son bon sens et qu'il fasse abstraction de ses désirs du moment. Même la personne aimée peut se tromper. Celui qui sait aimer bien et généreusement n'hésite pas à le lui dire; mais ce n'est pas le cas du Sagittaire qui ne voit que par les yeux de la personne qu'il aime.

Toutes les questions d'amour sont, pour le Sagittaire, occasions d'excitations et de frémissements; cela vient de ce que Jupiter et Mars dominent ce secteur de son ciel. Cela provoque un éclatement soudain d'idéalisme, une subite expansion qui pousse le Sagittaire à se dépasser, un grand désir d'action et une impulsivité ardente.

En amour, le Sagittaire veut tout donner. Il oublie qu'il doit aussi prendre. Le partenaire ne tient pas toujours à tout recevoir; en amour, chacun trouve autant de bonheur à donner qu'à recevoir.

Mais un Sagittaire ne donne pas seulement son amour; il veut aussi donner des conseils, des directives, des leçons et même de l'argent. Cela lui est aussi nécessaire que de respirer, boire et manger. Et, dans son zèle, au lieu de rendre heureuse la personne aimée, il provoque en elle un sentiment de servitude. Ses soins excessifs la privent de toute indépendance; elle se sent environnée de trop de liens qui sont pourtant des prévenances... Il faut que le Sagittaire sache que cette attitude ne fait pas le bonheur de l'autre.

En même temps, un Sagittaire est très « possessif ». Il adore, mais fait des scènes, influencé par Mars du Bélier, car il a le Bélier en Maison V, celle des amours.

Si le Sagittaire lit cela avec attention, s'il s'en souvient, il peut gagner cent pour cent de charme.

Résolutions à prendre et à suivre

Le Sagittaire est un humoriste. Il rira de ces conseils.

Soit. Qu'il en rie, mais qu'il en tienne compte.

Pour atteindre, en amour, le bonheur qu'il souhaite, un Sagittaire doit choisir son partenaire avec soin et lucidité. Il sait très bien que sa devise personnelle est liberté, travail, culture et amour. Qu'il s'en tienne aux différents points de ce programme et ne cherche pas à se montrer sous un jour qui n'est pas le sien.

Un Sagittaire attire l'amour de gens actifs, mais il attire aussi ceux qui ont des problèmes psychiques, ce qui est moins bon pour lui.

L'amour et le mariage représentent quelque chose de très important pour le Sagittaire; il doit être d'autant plus circonspect au début d'une aventure.

Plein de bonne volonté, il lui arrive de faire de l'humour parce qu'il se sent timide et gêné, et parce que le rire désarme. Mais qu'il fasse très attention, s'il aime réellement; il y a des gens qui n'apprécient pas les plaisanteries. Par ses sarcasmes, le Sagittaire risque de vexer la personne à qui il tient.

Conseils aux hommes concernant la femme du Sagittaire

Madame Sagittaire regarde toujours plus haut qu'on ne s'y attendrait. C'est un être de décision rapide qui, probablement sous l'influence du Bélier dans sa maison V, est impulsive et spontanée. Elle se sent, sur le plan de l'amour, prête à admirer le mâle qui se montrera toujours actif, avec un but, un plan, un projet, une grande efficience. C'est cela qui lui plaît.

Elle a besoin d'accompagner son expérience amoureuse d'une activité : un petit voyage, un livre qu'on lit à deux, un « journal » à écrire. L'avenir qui se prépare pour elle, c'est une part d'elle-même.

Sous un aspect sportif et parfois un peu sauvage,

madame Sagittaire se révèle, en fait, très excitante. Elle jette ainsi un défi et on a du mal à lui résister.

De la sportive, elle a le désir de clarté dans les rapports; il est inutile de louvoyer; avec elle, ce qui a le plus de chances de réussir, c'est la simple et naturelle sincérité. Elle devine si les promesses sont fallacieuses, on ne la trompe pas; autant rester foncièrement honnête et ne rien promettre qu'on ne puisse accomplir.

Plus son partenaire se révélera direct, plus il aura de chances d'être aimé par elle.

Lorsque madame Sagittaire exerce une profession, elle est cette fille que le patron apprécie, cette camarade qui est aimée de tous ses collègues.

Elle est à l'aise dans son travail professionnel parce qu'elle ne se leurre pas sur ce qu'elle doit faire. Les responsabilités ne l'empêchent pas de dormir parce qu'elle sait qu'elle fait ce qu'elle peut pour les assumer, et ensuite advienne que pourra !

Consciente de ses talents, elle n'acceptera pas une place si les conditions offertes ne sont pas un peu au-dessus de la moyenne.

En fait, les hommes ont tendance à la considérer comme une partenaire sportive plutôt que comme la poupée raffinée qu'on adule. Mais madame Sagittaire n'hésite pas à flirter avec un garçon qui l'intéresse.

Il faut noter que, sans être volontairement et sciemment cruelle, sans y prendre plaisir, madame Sagittaire se révèle, en fait, experte dans l'art de faire souffrir les hommes amoureux d'elle. On dirait qu'elle se souvient de la Diane chasseresse et qu'elle prend l'homme pour gibier. Et pourtant ce n'est pas ce qu'elle veut faire. Cela arrive-t-il malgré elle ?

Madame Sagittaire se marie tard dans un grand nombre de cas. Elle a le goût du célibat et elle tient à en apprécier les avantages, surtout sa liberté, son indépendance. Lorsqu'elle se laisse conquérir, elle dit oui et change de vie : elle devient une épouse respectueuse.

Conseils aux femmes concernant l'homme du Sagittaire

Monsieur Sagittaire, quand il est amoureux, veut sa partenaire toute à lui. Il est essentiellement exclusif. Cela ne l'empêche pas d'accorder ses faveurs à plusieurs femmes en même temps, dit-on, mais nous ne voudrions pas croire un tel bruit... Il aurait alors les mêmes exigences qu'avec vous.

Le Sagittaire a des idées brillantes et de vastes projets; mais il ne va pas toujours jusqu'au bout de ces projets . Un Sagittaire ne tient pas absolument à une situation stable, même avec un salaire élevé. Il est capable de s'engager dans l'aventure simplement pour se sentir libre de toute entrave. Il arrive parfois qu'il ne trouve pas d'autre carrière qu'une sage fonction dans un calme bureau. Dans ce cas, il se rattrape sur le sport; il y cherche le risque; il choisit alors le sport le plus aventureux qui soit à sa portée et, s'il ne le trouve pas, il prend pour dérivatif une aventure amoureuse.

Il ne se marie pas tout de suite, ni facilement. Lorsque sa partenaire tente de mettre la conversation sur ce sujet, il esquive ou, pressé de se prononcer, il déclare ne pas vouloir gâcher une merveilleuse aventure par de médiocres occupations ménagères. Si on essaie de le contraindre, il fuit vers une autre partenaire.

Il dispose d'une logique puissante, d'un véritable talent d'organisateur, de beaucoup de vitalité, et cet ensemble de qualités fait de lui un excellent homme d'affaires. Il a de plus le don de s'entendre avec toutes sortes de gens; il ne s'ennuie jamais et ne risque pas d'être la proie de la solitude. Avec un tel caractère, il n'est naturellement pas poussé très fortement vers le mariage. Le club, le bar, les copains, les partenaires de sport et, de temps à autre, une soirée reposante avec un livre font son bonheur. Le foyer conjugal ne lui manque pas.

Toute la mécanique céleste contenue dans un globe de verre (Conservatoire des Arts et Métiers).

Lorsqu'il rencontrera une fille qui déclarera ne pas tenir au mariage, ne pas chercher l'époux idéal, mais vouloir vivre sa vie, il sentira une accélération du rythme de son cœur. C'est justement ce qu'il attendait, et, celle-là, il l'épousera.

Dès lors, il a peur qu'on la lui prenne; il faut qu'il s'en empare le premier. Qu'importe si elle a ainsi joué pour l'amener devant M. le maire, puisqu'ils seront heureux et libres l'un par l'autre.

Le portrait que nous venons de tracer de monsieur et de madame Sagittaire correspond aux types purs de ce signe; cependant beaucoup de Sagittaire qui ont un autre ascendant que leur signe solaire vont s'y reconnaître; c'est qu'en amour notre nature profonde reparaît : *in amore veritas* (en amour, on se montre vraiment).

Il s'agit en somme d'une personnalité qui aime les idées élevées, les livres ayant de la valeur, les professions où l'on ait la liberté de prendre des risques, le sport et les exercices physiques. Ce ne sont pas des gens particulièrement doués pour le mariage, comme la Balance, ou pour vivre dans une belle maison à laquelle on tient beaucoup, comme le Taureau; ce sont peut-être des étalons sauvages qui souhaitent courir dans une prairie sans barrières.

Il faut le savoir et en tenir compte quand on rencontre l'un d'entre eux. Beaucoup de bonheur peut naître d'une union avec un ou une Sagittaire, mais il y a une condition absolument indispensable : ce signe est très « adulte »; il ne commet pas d'enfantillages, il raisonne en personne expérimentée et d'âge mûr, tout en gardant l'ardeur de la jeunesse.

Nous allons maintenant examiner les chances de bonheur dans l'union d'un Sagittaire avec un natif de chacun des autres signes.

Les Deux Amoureux. *École souabe du XVe siècle (Musée de Cleveland).*

Chapitre II

Le natif du Sagittaire face aux natifs des autres signes

Il va de soi qu'il s'agit dans cette étude des natifs des signes considérés, sans tenir compte des ascendants; il serait intéressant, mais peut-être fastidieux, de prendre en considération toutes les variantes d'un même signe. Lorsque le lecteur connaît l'ascendant de son partenaire Sagittaire, qu'il se reporte à ce qui est dit dans la Deuxième partie, où le portrait des natifs est donné avec chaque ascendant, et qu'il applique ces précisions au cas qui l'occupe. Le signe solaire donne la base statique de la personnalité et le signe ascendant apporte des tendances qui se préciseront au cours de l'existence du sujet. L'ascendant ne peut donc agir sur les éléments ne dépendant pas du sujet, comme son physique, par exemple, ou comme certains traits fondamentaux de son caractère. L'influence de l'ascendant pousse le sujet à vouloir se modifier, ou bien à se laisser aller à ses instincts au lieu de lutter. Il ne s'agit donc que de ligne de conduite.

Les traits de caractère apportés par le signe solaire ne peuvent généralement pas être modifiés.

Madame Sagittaire devant monsieur Sagittaire

Lorsque madame Sagittaire décide d'aliéner cette liberté à laquelle elle tient tant, c'est qu'elle a rencontré un partenaire avec lequel vivre toute la vie ne lui paraît pas une tâche pénible. Il faut bien des mérites à cet homme, ou bien que l'étincelle de l'amour ait aveuglé madame Sagittaire.

Cette charmante et intelligente personne pourra-t-elle s'accorder avec un époux du même signe zodiacal ?

Madame Sagittaire sera toujours une épouse loyale mais presque jamais une parfaite maîtresse de maison : la ménage, elle n'apprécie pas tellement... Mais c'est avec emportement et passion qu'elle aime son mari et cela fait passer sur bien des choses.

Avant même de savoir clairement qu'elle pourrait construire un véritable bonheur avec monsieur Sagittaire, madame Sagittaire était prête à l'accueillir; un secret instinct le lui disait. Cela se passe toujours ainsi.

C'est qu'il n'est pas facile à une femme Sagittaire de trouver un cœur aussi vaste que le sien et un partenaire qui ne lui donne jamais l'impression de rétrécir ses horizons. De même, monsieur Sagittaire aura eu l'occasion de rencontrer certaines filles qui lui plaisaient mais ne parlaient pourtant pas, sur certains sujets, la même langue que lui. Aussi a-t-il eu tous les espoirs quand il a connu madame Sagittaire. L'un et l'autre avaient l'esprit libéré des conventions courantes pour vivre leur passion réciproque au même rythme terriblement accéléré, avec les mêmes goûts.

Il aura de sa madame Sagittaire un désir physique qui la flattera et lui promettra bien des joies et lui-même constatera qu'il a désormais près de lui une femme capable d'apprécier ses qualités physiques et ses talents d'amant.

On dira à ce jeune couple que l'attirance physique est une base bien faible pour toute une vie et qu'elle ne dure pas; mais, avec un ensemble parfait, ils en riront longtemps. C'est amusant de montrer aux autres qu'ils se sont trompés.

Elle aura peut-être un problème d'argent parce que les natifs du Sagittaire sont toujours désolés d'être obligés de gagner leur vie. Et pourtant... Si madame Sagittaire n'épouse pas une fortune, il faudra bien en venir au gagne-pain...

Monsieur Sagittaire devant madame Sagittaire

Devant madame Sagittaire, quelles vont être les réactions d'un époux lui-même natif de ce signe ?

En unissant sa vie à celle de madame Sagittaire, monsieur Sagittaire comptera bien fonder un foyer confortable, aidé par des domestiques. Il espérera aussi avoir une épouse à l'esprit large, ce qui lui accordera une vie assez libre. Il se trouve que ces espoirs sont souvent illusoires. D'abord, il est de plus en plus rare de pouvoir installer un foyer où des serviteurs accomplissent les besognes fastidieuses. Ensuite, son épouse n'aime pas plus que lui les astreintes. Il est possible que leur solution soit de sortir souvent et de confier bien des tâches au-dehors. Les traiteurs et les blanchisseurs sont bien faits pour qu'on s'en serve, après tout !

Lorsque, au bout de quelque temps, monsieur Sagittaire observera sa chère épouse, il ne verra plus en elle que ses propres traits à lui et non les meilleurs.

Leur union peut être durable, mais non sans quelques problèmes, entre deux êtres épris de liberté qui s'obligent à vivre en sédentaires.

Madame Sagittaire devant monsieur Bélier

Lorsque madame Sagittaire aura accepté que monsieur Bélier fasse avec elle la longue route de l'existence quotidienne, lorsqu'elle le verra chaque jour et lui dédiera ses regards les plus amoureux, elle se sentira pleinement rassurée par cette présence active.

Elle deviendra, en effet, amoureuse de lui en un

éclair, et puis elle tentera de se justifier à ses propres yeux car, si elle est impulsive, elle tient beaucoup à se prouver qu'elle agit avec logique et bon sens. Mais c'est chose faite et voici nos époux unis.

Lui sera aussi vif qu'elle dans la conception de projets multiples et dans leur rapide mise en route. Dans cette précipitation commune, ni l'un ni l'autre ne s'apercevront que la plupart de leurs projets restent inachevés.

La plus grande qualité de monsieur Bélier, aux yeux de sa femme, sera d'être un amant solide et passionné; il manque parfois de subtilité, mais une Sagittaire sait très bien le guider discrètement vers le style d'amour qui lui plaît et auquel elle répond alors avec un grand élan. Comme il est un pionnier, un explorateur, qu'il adore les expériences, il sera heureux de suivre les suggestions de madame Sagittaire.

Monsieur Bélier, au bout d'un certain temps, finira par s'apercevoir qu'en épousant une femme intelligente il s'est pourvu d'un atout important dans sa carrière. Elle peut lui être très utile. Cependant, que madame Sagittaire ne le lui fasse pas remarquer, car il pourrait se froisser. Non, les conseils de madame Sagittaire devront être suggérés finement, comme de simples sujets de conversation, des paroles en l'air; elle peut être certaine qu'il en tiendra compte.

Comme il tient beaucoup à l'estime et à l'admiration de madame Sagittaire, monsieur Bélier est susceptible. Le caractère railleur, les mots d'esprit incisifs qu'elle répand dans sa conversation pourraient lui faire du mal; il faudra donc qu'elle ne s'aventure qu'en terrain sûr, sous peine de troubler et de rendre amer son charmant Bélier.

Monsieur Bélier partagera facilement les joies sportives de sa femme, mais beaucoup moins l'intérêt qu'elle porte aux problèmes de philosophie. Ils auront de grandes possibilités d'établir un excellent programme de vie à deux, partageant les mêmes plaisirs, compétitifs et rivaux. Pour qu'il soit heureux, mettant toute vanité de côté, madame Sagittaire laissera monsieur Bélier la dépasser dans tous les domaines.

Monsieur Sagittaire devant madame Bélier

Monsieur Sagittaire se sent attiré physiquement par madame Bélier; elle stimule ses facultés créatrices. La planète de madame Bélier est Mars, celle de monsieur Sagittaire est Jupiter; ces deux forces se soutiennent, la seconde ayant tendance à exalter la première.

Ils sont nés tous les deux sous un signe de Feu et le feu va les réunir : leur foyer sera plaisant, vivant, agréable et chaud.

Il est possible que madame Bélier revoie souvent en esprit l'image symbolique du Sagittaire en surimpression sur son mari. Elle admirera ses élans intellectuels et le suivra dans ses exercices sportifs, aussi bien que dans une lecture philosophique difficile.

Madame Bélier pourrait éventuellement regretter que, pour un Sagittaire, le foyer, ce soit seulement l'abri où l'on vient se reposer, manger et dormir parce que c'est pratique. Il n'est pas homme d'intérieur. Il faudra qu'il explique ses goûts très clairement à madame Bélier, sous peine de la voir chagrine.

Madame Sagittaire devant monsieur Taureau

Monsieur Taureau apprécie particulièrement la dignité, le courage et un certain sens de l'humour. Madame Sagittaire possède tout cela.

Après avoir considéré monsieur Taureau d'un œil très objectif, madame Sagittaire décidera qu'il a l'étoffe d'un bon mari. D'abord, sur le plan sexuel, il est éveillé et intéressant. Professionnellement, on sent qu'il ira loin; dans la vie quotidienne, il est pratique et réaliste, sans être ennuyeux. Il apprécie ce qui est beau. Il aime gagner de l'argent.

Mais il faut que madame Sagittaire sache qu'un Taureau est très jaloux et il serait bon que monsieur Taureau apprenne qu'une madame Sagittaire aime par-dessus tout la liberté. Sans quoi, après quelque temps où chacun masquera soigneusement ses problèmes, il se pourrait que ces divergences troublent la sérénité du couple.

Monsieur Taureau imagine volontiers madame Sagittaire régnant en excellente maîtresse de maison dans un appartement confortable et même luxueux. Il espère qu'elle sera musicienne jouant d'un instrument, ou chantant avec une jolie voix; monsieur Taureau a des goûts artistiques et généralement une belle voix.

Il y aura une période d'adaptation que l'un et l'autre devront s'efforcer de traverser avec prudence. Monsieur Taureau, en effet, est un être exclusif. Non seulement il est jaloux, mais généralement il n'apprécie pas du tout que sa femme s'intéresse à des choses qui, pour lui, ne présentent aucun attrait. Et, par-dessus tout, il attend d'elle une fidélité absolue : pas un mot, pas un sourire, pas une pensée pour un autre.

Ce sera un passage très épineux. Madame Sagittaire sera toute seule devant le danger, car monsieur Taureau, dans ces moments-là, sera près de passer à l'ennemi.

On peut se demander si madame Sagittaire acceptera de céder à une emprise aussi totale, elle qui n'aime rien tant que la liberté; elle le fera si son mariage a été pour elle une affaire vitale; mais pour peu qu'elle ait commencé une brillante carrière, ou qu'elle se sente soutenue par sa famille, elle risquera de le quitter et de reprendre une existence de femme libre ne devant rien à personne.

Il reste à espérer que monsieur Taureau lira ces lignes et qu'il en tiendra compte.

Monsieur Sagittaire devant madame Taureau

Madame Taureau inspirera à monsieur Sagittaire le désir de créer de la beauté, de lui offrir une atmosphère très harmonieuse. Pour un avenir à longue échéance, monsieur Taureau et madame Sagittaire feront un excellent tandem.

Monsieur Sagittaire est ardent et idéaliste. Madame Taureau est réaliste, pratique et décidée. Les bons éléments de chacun réunis peuvent donner un résultat tout à fait excellent.

Monsieur Sagittaire trouvera en madame Taureau le prétexte à un nouveau départ, à un second souffle, à un recommencement. Il sait qu'il peut se confier à une femme de cette valeur, solide et fidèle. Il sait qu'il peut même en abuser et lui demander beaucoup.

Madame Taureau, sous un signe de stabilité, est un allié très ferme pour la vie. Même mobile, changeant, inconstant, monsieur Sagittaire reviendra toujours vers sa madame Taureau si précieuse, qui ne comprend même pas que l'on se quitte et qui l'attendra toujours à la maison; il peut aussi s'entendre avec une madame Taureau pour travailler avec elle à une affaire commerciale.

Une seule condition : monsieur Sagittaire doit rompre avec son passé de libertaire pour vivre heureux avec madame Taureau.

Madame Sagittaire devant monsieur Gémeaux

Monsieur Gémeaux apparaîtra d'abord à madame Sagittaire comme ayant un esprit vif, mais un cœur versatile. Mais elle devinera qu'avec un tel compagnon elle voyagera, et elle adore cela, elle échafaudera

mille projets, ce qui fera leur joie à tous les deux. Ni l'un ni l'autre n'apprécie un établissement fixe et définitif; même si monsieur Gémeaux le propose, il est possible que madame Sagittaire le refuse.

Il est d'un signe d'Air, elle est d'un signe de Feu : comment envisager une seconde de les fixer ?

La présence de monsieur Gémeaux va inspirer madame Sagittaire, son agitation va la stimuler, et ils ne cesseront de faire ensemble des projets, sans même prendre la peine de les exploiter.

Ils auront souvent les mêmes idées et leurs pensées iront dans la même direction; ce sera un de ces couples qui, après un moment de silence heureux, se mettent brusquement à parler et disent exactement les mêmes mots au même moment. Cela se produira constamment. Un jour pour une chose matérielle sans importance, un autre jour pour une question grave. Ils ignoreront toujours les silences interminables pendant lesquels chacun cherche désespérément un sujet de conversation : avec un Gémeaux, il y a un grand nombre de sujets très variés pour la conversation.

La présence de monsieur Gémeaux dans la vie de madame Sagittaire ne troublera pas beaucoup son instinct de liberté et son goût de l'indépendance : il n'est presque jamais là. Elle pourra organiser la maison comme elle l'entend, ce n'est pas lui qui ira la critiquer, il n'y connaît rien, et puis cela ne l'intéresse pas.

Si leurs moyens le leur permettent, ils formeront un de ces couples que l'on rencontre partout, qui vont de bar en club et de club en restaurant avec, de-ci, de-là, un cocktail de bon ton. Et puis, un jour, ils feront leur mutation et deviendront adultes : l'âge n'importe pas, c'est dans leur esprit et dans leur cœur que cela se passera. Alors, ils apprécieront chacun la compagnie de l'autre et se réuniront pour leur plaisir, tout naturellement chez eux.

Ils seront rentrés dans la normale, ils auront repris les habitudes ancestrales, ils auront comblé leur goût

---

Fille à la fourrure,
par Toulouse-Lautrec, 1891 (coll. privée).

de liberté et d'indépendance et leur bonheur n'en sera que plus grand.

Ce sera le *happy end* de ce roman drôle, impétueux et bourré d'improvisations.

Monsieur Sagittaire devant madame Gémeaux

Le couple que formera monsieur Sagittaire avec madame Gémeaux sera probablement axé sur les relations publiques. Il y aura beaucoup de monde autour d'eux et ils réaliseront ensemble leurs projets les plus chers.

Madame Gémeaux possédant une grande capacité d'insouciance, monsieur Sagittaire devra accepter de jouer réellement son rôle de chef de famille et d'assumer ses responsabilités totalement. Il faut noter que c'est la planète Mercure qui guide les Gémeaux et Jupiter le Sagittaire. L'union de ces deux influences facilite l'acceptation de responsabilités en toute conscience.

Comme ils ont le même état d'esprit, il est bien possible que madame Gémeaux aide beaucoup monsieur Sagittaire dans la poursuite d'un idéal. On sait que le Sagittaire a les idées hautes et poursuit souvent des buts au-dessus du commun.

Dans un sens large, on trouve des ressemblances entre Sagittaire et Gémeaux; mais, si l'on épluche les détails, on trouve de grandes différences. Le Gémeaux est agité quand le Sagittaire est actif; le Gémeaux court de côté et d'autre quand le Sagittaire prépare et réalise de grands voyages. Mais dès qu'ils s'aiment, rien ne les retient et ils s'en vont toujours plus haut.

Madame Sagittaire devant monsieur Cancer

Monsieur Cancer est si aimable, si gentil, il dit tant

de paroles douces, il écrit des lettres d'amour si sentimentales, qu'il donne vraiment à madame Sagittaire l'impression qu'elle est réellement très féminine. Comment n'épouserait-elle pas ce modèle ? Elle en oublie son indépendance, sa jeunesse de garçon manqué et ses tendances au mouvement de libération des femmes.

A dire vrai, monsieur Cancer ne tient pas trop à une épouse cérébrale, énergique et sportive. Il est plutôt orienté vers une fille tranquille, aimante, douce et bonne. Mais il y a souvent une attirance physique. Monsieur Cancer jurerait que, sous ses aspects à la George Sand, elle masque un véritable fonds de tendresse et d'affection, de calme et de méticulosité. De son côté, madame Sagittaire pense épouser un bon jeune homme calme qu'elle mènera comme elle souhaite. Et tous les deux se trompent. Comme on a raison de représenter l'amour avec les yeux bandés ! Voilà des gens clairvoyants qui ne se comprennent absolument pas.

Première surprise, et elle n'est pas désagréable : monsieur Cancer n'est pas un jeune homme tranquille, mais un amant très passionné. Que s'est-il passé ?

Et autre chose encore. Il semblait prêt à toutes les concessions, et voici qu'il décide lui-même de tout, avec compétence et autorité.

Voici qu'il décide avec une sereine tranquillité que madame Sagittaire restera gentiment à la maison, car sa place est au foyer. Il ignorera toujours les prouesses sportives de sa femme, et il lui fera de grands compliments sur la moindre petite activité ménagère à laquelle, par force (il faut bien que ce soit fait !) elle se résoudra.

Le gentil monsieur Cancer ne se laissera pas aller à la sérénité des existences faciles. Dehors, il doit lutter pour sa carrière, car tout est si dur ! Et chez lui il doit lutter pour persuader sa femme d'être uniquement sa femme et non une héroïne des terrains de sports ou des clubs politiques.

Il faut que madame Sagittaire fasse très attention car, sous son signe, on se marie plusieurs fois. Si elle ne veut pas faire partie de cette majorité de divorcées, qu'elle veille sur l'humeur de son cher monsieur Cancer. Qu'elle réserve ses idées originales de grand air, de voyages, d'expéditions fantaisistes au temps des vacances et pour les fins de semaine. Le reste du temps, il faut qu'elle prenne le plus grand soin de la maison et crée une atmosphère calme et reposante pour le bonheur de son mari.

Les congés se passeront dans des explosions de romantisme qu'elle ne regrettera pas.

Monsieur Sagittaire devant madame Cancer

Il y aura une très belle harmonie entre monsieur Sagittaire et madame Cancer, assurée par le rapport Lune-Jupiter. Cependant, leur union peut rencontrer des difficultés venues de l'extérieur par le fait qu'il est d'un signe de Feu et qu'elle est d'un signe d'Eau. Mais le signe du Cancer donne tant de qualités spécifiquement féminines que madame Cancer fera très facilement le bonheur de monsieur Sagittaire.

Il aime le monde des idées, les voyages, l'extérieur. Elle apprécie avant tout le foyer, la maison, la tranquillité, les traditions familiales. Mais elle aura un grand sens pratique et elle aidera beaucoup monsieur Sagittaire à équilibrer son budget, aussi bien qu'elle lui réservera un accueil reposant après ses expéditions un peu folles.

Le Cancer est sous l'influence de la Lune. Cela lui donne un caractère instable et variable, avec une certaine dose de mystère. Monsieur Sagittaire trouvera dans son désir de déchiffrer sa femme mille raisons de l'aimer davantage chaque jour. Comme il a le don d'attirer les sympathies et comme elle est douée pour les affaires, ils pourraient être associés sur le plan professionnel et tirer beaucoup de bénéfices de leur activité commune.

C'est le meilleur conseil qu'on puisse leur donner.

Madame Sagittaire devant monsieur Lion

Entre un Sagittaire et un Lion il y a de grandes possibilités d'entente, d'accord et de bonheur.

Tous les présages s'expriment en faveur d'une telle union. Un Lion réchauffera le climat dans lequel évolue madame Sagittaire. Le moindre geste qu'elle fera pour le rendre heureux éveillera un monde de gratitude dans son cœur brûlant. Un Lion a le Soleil pour cœur; il faut savoir cela !

Ils s'accorderont émotivement et sexuellement. Un grand pas est ainsi franchi. Ils respirent l'un et l'autre la joie de vivre, la joie de faire l'amour et de le faire bien. Ils ont tous deux de grandes idées, de grandes ambitions, et sont l'un et l'autre des êtres qui se souhaitent hors du commun.

Sur le plan intellectuel, ils ont les mêmes intérêts. L'art, la musique, beaucoup d'amis soigneusement choisis, voilà ce qui leur plaît. Même les notions qu'ils auront des sphères supérieures et ces conceptions élevées ou mystérieuses seront parallèles et s'accorderont.

Mais madame Sagittaire et monsieur Lion sont deux fortes personnalités. Il est possible que la vigueur de leurs volontés, leur certitude respective d'avoir raison provoquent quelques remous. Il faut aussi remarquer que monsieur Lion est un personnage fier de lui, voire même orgueilleux. Que madame Sagittaire a l'humour facile, le propos railleur.

Elle risque de vexer profondément son beau Lion superbe et généreux. Il faut savoir aussi que si madame Sagittaire, au cours d'une soirée, engage un petit flirt avec un de ses danseurs, il se peut que monsieur Lion

Ambiguïté, *par Kandinsky, 1939 (musée d'Art moderne, Paris).*

regarde cela d'un œil tragique et qu'il ait beaucoup de peine, bien qu'il sache que ce n'est que l'amusement d'un soir. Il ne mérite pas qu'on lui fasse de la peine. Il se tourmentera non parce qu'il est possessif, mais parce qu'il se demandera avec anxiété ce qu'il a fait pour déplaire à sa femme et si réellement il n'est pas en mesure de la satisfaire complètement.

D'autre part, avec son air de tout savoir, il est possible qu'il soit irritant, mais qui est sans défauts ?

Heureusement, ils tiendront beaucoup l'un à l'autre et ils sauront éviter ces piqûres.

Monsieur Sagittaire devant madame Lion

Le Lion habite dans la maison du ciel de monsieur Sagittaire qui régit les voyages, même s'il s'agit de ceux de l'esprit; elle va donc l'attirer et le stimuler.

La planète du Lion est le Soleil; celle du Sagittaire est Jupiter. On devine que leur association est très favorable. Unis, ils auront la possibilité de franchir bien des obstacles; ils sont nettement favorisés par la chance. Ils sont l'un et l'autre signes de Feu, ils ont donc tout pour s'entendre. Ils se complètent très bien.

La force du Lion soutiendra l'idéalisme du Sagittaire.

Monsieur Sagittaire est un grand idéaliste; il fera des projets et madame Lion lui apportera sa force et son bon sens pour l'aider à en dessiner les plans et ensuite à les réaliser « sur le terrain ».

Jupiter uni au Soleil représente très bien l'inspiration soutenue et aidée par la réalisation pratique.

L'argent ne saurait manquer à ce couple dynamique et de bons sens. D'ailleurs, là où se trouve un natif du Lion, il est exceptionnel que l'argent manque.

Seule leur commune impatience pourra de temps à autre provoquer quelques étincelles, mais il est facile de se remettre d'accord ensuite. Et leur amour fera le reste.

Madame Sagittaire devant monsieur Vierge

On a toujours beaucoup de difficultés à conduire un natif de la Vierge jusqu'au mariage; le temps que ce personnage scrupuleux ait fini de réfléchir, on est prêt pour la maison de retraite !

Ils sont l'un et l'autre de tempéraments différents. Leurs espoirs, leurs rêves, leurs chances ne semblent pas faits pour se rencontrer. Alors que madame Sagittaire est habituée à voir encore plus haut et plus loin qu'elle n'envoie sa flèche symbolique, monsieur Vierge demandera avec beaucoup trop de calme ce que « cela » rapportera et quel est l'intérêt de la chose si elle ne rapporte rien.

En fait, madame Sagittaire devra être une fille d'esprit mûr pour s'associer durablement avec un monsieur Vierge, et lui-même devra avoir fait de grands pas dans la psychologie pour être à même de comprendre madame Sagittaire. Un esprit mûr peut fort bien être jeune, car la maturité n'est pas une question d'âge, mais de compréhension de votre dilemme émotion-raison. Il faut aussi avoir dépassé le stade des espoirs irréalistes de l'enfance. Cela peut se produire très tôt. De son côté, monsieur Vierge peut fort bien disposer d'une expérience psychologique ne devant rien à l'âge, ni aux études. Elle peut résulter simplement de l'exemple des personnes de sa famille.

Il est possible que les points de vue théoriques n'effraient pas madame Sagittaire qui se dit que le bonheur du couple n'est pas là, mais ailleurs, par exemple dans l'attirance physique. C'est bien possible. Mais l'existence quotidienne montrera à madame Sagittaire qu'il est inutile d'essayer d'entraîner au cinéma monsieur Vierge qui a décidé d'aller voir un ami malade, il ne cédera pas et fera coûte que coûte qu'il juge bon. Et ce qui contrariera peut-être madame Sagittaire, c'est que le devoir tel que le conçoit monsieur Vierge n'est pas toujours conciliable avec ce qu'aimerait madame Sagittaire elle-même. Il se peut que cette habitude de faire des B.A. lui paraisse insensée, surtout quand lesdites B.A. doivent profiter à d'autres qu'à elle. Monsieur Vierge aimerait-il mieux d'autres personnes que sa chère Sagittaire ?

Elle aime faire des projets extravagants et les lui expose avec joie, croyant qu'il partage son enthousiasme. Il répond tranquillement que cela va coûter tant et que ni elle ni lui ne peuvent disposer de cette somme. Voilà comment les rêves se concrétisent pour lui. Que madame Sagittaire ne lui en veuille pas, il est ainsi, il faut s'y faire.

Monsieur Sagittaire devant madame Vierge

Le signe de la Vierge habite la maison du Sagittaire correspondant à la carrière, aux ambitions, au prestige. La planète Mercure gouverne les natifs de la Vierge; c'est Jupiter qui domine dans le Sagittaire.

Mercure, uni à Jupiter, est en mesure d'inspirer à monsieur Sagittaire et à madame Vierge des idées monnayables : voilà qui est un peu indifférent à un Sagittaire, mais madame Vierge sera satisfaite.

La présence de madame Vierge dans la vie de monsieur Sagittaire va lui rendre des services considérables dans sa carrière. Cela parce qu'elle a beaucoup de sens pratique, tandis que monsieur Sagittaire s'illusionne beaucoup.

Ce côté pratique de la Vierge pourrait heurter monsieur Sagittaire qui, habituellement, vise beaucoup plus haut; mais c'est justement ce qui l'a attiré; il sent qu'il a besoin de ce réalisme pour donner du corps et de la présence à ses rêves (qu'il appelle des projets).

Madame Vierge sera peut-être un peu agaçante quand elle fera pleuvoir des conseils sur la santé, le le bien-être, le secret du succès et de la réussite. Mais que monsieur Sagittaire s'y fasse avec bonne humeur.

Madame Sagittaire devant monsieur Balance

Madame Sagittaire n'aura aucune manœuvre à faire pour attirer à elle monsieur Balance. Il aura très vite compris que cette jeune fille vive et décidée, charmante, aussi, est tout à fait ce qu'il attendait. Il n'hésitera pas à commencer avec elle un flirt qui pourrait vraiment durer longtemps. Monsieur Balance ne lie pas toujours ce genre de sentiment à la notion d'épousailles. De son côté, madame Sagittaire n'a pas l'idée fixe du mariage et, si leurs rencontres sont gaies, animées, vivantes, ni l'un ni l'autre ne se posera de questions relatives à leur avenir.

Mais il est bien possible que leur sentiment se raffermisse. Si le mariage se fait, madame Sagittaire aura désormais près d'elle un fort gai compagnon. C'est un homme qui aime s'entourer de relations agréables. Il lira les livres aimés par madame Sagittaire, aimera les disques qu'elle aime, l'emmènera voir les spectacles qu'elle aura choisis.

En amour, elle aura quelques inquiétudes en le voyant agir en véritable expert : a-t-il eu tellement d'aventures avant de la rencontrer ?...

Ce n'est pas cela, mais il aime énormément madame Sagittaire et tient beaucoup à lui plaire à tous points de vue. Alors, il s'efforce de faire de son mieux. Madame Sagittaire, si elle veut répondre à cet amour, pourra se faire aimable, gracieuse et passionnée tout à la fois.

Il acceptera de faire du sport avec madame Sagittaire, mais à condition qu'elle soit très « chic » et qu'elle soit la plus remarquée sur les pentes et au golf. Il n'aimera pas les amies de sa femme si elles ne sont pas bien habillées; et peut-être les aimera-t-il trop si elles sont réellement élégantes.

Une ombre à ce charmant et élégant tableau. Monsieur Balance déteste compter l'argent et madame Sagittaire a de grands élans de générosité ; il est donc parfaitement possible qu'ils se retrouvent très vite sans moyens d'existence... C'est à madame Sagittaire que reviendra le rôle de veiller à ce qu'il y ait toujours dans la caisse au moins de quoi payer les notes urgentes, comme l'électricité ou le téléphone... Sans cela, coupures !

Monsieur Balance n'est pas un homme de décision. Pendant qu'il réfléchit à s'en donner mal à la tête, le temps passe et la décision devient urgente, c'est donc madame Sagittaire qui la prendra, bien qu'elle n'aime pas cela...

Monsieur Sagittaire devant madame Balance

Le signe de la Balance est en bon aspect avec le signe du Sagittaire; sa planète, Vénus, en s'associant avec Jupiter, planète de la Balance, apporte au couple une chance universelle. La Balance influe sur les amitiés, les espérances, les désirs. Il y a entre monsieur Sagittaire et madame Balance une attirance certaine.

Au sein de ce couple, la beauté est toujours exaltée. Beauté, grandeur, générosité. C'est parfait. Cependant, désireux de plaire à madame Balance, il peut arriver que monsieur Sagittaire aille jusqu'à l'extravagance. Il va prendre des décisions excessives et se mettre sur la paille simplement pour aider des gens qui se débrouilleraient très bien tout seuls, mais dont madame Balance a remarqué combien leur sort était peu agréable.

Madame Balance est très sensible, elle apporte beaucoup de plaisir à monsieur Sagittaire. Il se sentira comblé, mais il perdra le peu d'esprit pratique dont il pouvait disposer. Il aura beaucoup d'amis et elle aura de nombreux admirateurs, mais il faut que monsieur Sagittaire pense aux choses sérieuses, même si elles ne sont ni belles, ni agréables, par exemple du genre impôts à payer.

L'insouciance, c'est très élégant, mais ça coûte cher, monsieur Sagittaire !

Il se trouve que madame Sagittaire n'est rien moins que calme quand elle n'est pas satisfaite. Donc, on peut sans peine s'imaginer la masse de passion et de bruit qui va se répandre dans ce foyer dans de telles circonstances.

Il faut que madame Sagittaire se pose la question que voici : Puis-je supporter d'être aimée et haïe à la fois ? Car c'est ce qui se passera avec monsieur Scorpion s'il arrive qu'elle accorde un sourire à un homme et que monsieur Scorpion en prenne ombrage.

Pour consolider une union destinée à recevoir de tels chocs, espacés mais inattendus, il faudra que madame Sagittaire trouve un intérêt qui leur soit commun et sur lequel ils pourront éventuellement faire dévier la conversation si le ciel se couvre.

Un projet entrepris à deux pourrait capter et utiliser les énergies de ce terrible couple et les détourner des problèmes brûlants.

Il faut y songer, madame Sagittaire, car monsieur Scorpion, lui, il ne pense pas du tout à cela.

Monsieur Sagittaire devant madame Scorpion

Le Scorpion, dans l'horoscope du Sagittaire, occupe le secteur relatif aux secrets, aux craintes, à la réclusion. La planète du Scorpion est Mars; celle du Sagittaire est Jupiter. Mais le Mars du Scorpion est soutenu par Pluton, ce qui le différencie du Mars léger et clair du Bélier; c'est ici un Mars rouge sombre.

Il est très possible que monsieur Sagittaire rencontre madame Scorpion au cours d'une réunion secrète ou clandestine. Ou tout au moins dans un club extrêmement fermé.

Leur accord sera difficile à établir parce que le Scorpion est un signe d'Eau et le Sagittaire est un signe de Feu.

La présence de madame Scorpion dans la vie de monsieur Sagittaire ne sera généralement pas bénéfique. On constate le plus souvent qu'elle provoque des complications de tous ordres.

Un seul point favorable : madame Scorpion apportera à monsieur Sagittaire des chances professionnelles dans le domaine du spectacle, surtout la radio et la télévision.

L'union de monsieur Sagittaire avec madame Scorpion est étrange; sa durée et ses résultats dépendent en grande partie de la personnalité propre des deux partenaires.

Madame Sagittaire devant monsieur Capricorne

Monsieur Capricorne, à première vue, paraît satisfait de son existence, mais il ne l'est pas et il ne le sera que lorsqu'il aura rencontré madame Sagittaire. Car, si gai, si boute-en-train qu'il paraisse, monsieur Capricorne est un bluffeur : il n'est pas ce gai camarade qu'il paraît, il est un homme qui doute, qui a au fond de lui un immense désespoir indéfini et dont la solitude morale appelle avidement la compagnie d'une fille telle que madame Sagittaire, qui donnera du prix à la vie.

Monsieur Capricorne est robuste, intelligent, travailleur et plein de bon sens. Il saura très bien de quoi madame Sagittaire a besoin et il est parfaitement en mesure de le lui procurer. Son travail n'est pas désintéressé, il espère bien obtenir la meilleure situation possible dans sa sphère d'activité. Madame Sagittaire devra comprendre son raisonnement, mais elle devra savoir à quel moment monsieur Capricorne doit s'arrêter pour ne pas abuser de ses forces.

Il sera très bon pour monsieur Capricorne que sa femme l'entraîne prendre quelques distractions, qu'il s'agisse d'un spectacle, ou d'une promenade, ou encore d'un dîner à deux au restaurant. Il faudra aussi qu'elle veille à lui créer, à lui entretenir un cercle d'amis car si on le laisse faire, il se retrouvera bientôt très seul.

Monsieur Capricorne sera très heureux de sortir de temps en temps avec madame Sagittaire, fier de constater qu'il en a fait une femme heureuse et comblée. Sans être à cheval sur une loyauté intégrale, monsieur Capricorne admirera beaucoup la grande franchise de madame Sagittaire. Pourquoi n'est-il pas ainsi ? Tout simplement par pudeur. La pudeur est un bien étrange sentiment qui vous ôte parfois la possibilité d'être tout à fait sincère. Il cache à sa femme l'importance du sentiment qu'il lui porte, parce qu'il croit cela plus malin.

Madame Sagittaire pensera souvent que monsieur Capricorne est un peu trop ménager de ses écus. Il admire beaucoup l'élégance de ses toilettes et il rechigne à régler les factures. Ce n'est pas de bonne logique et, s'il veut avoir épouse et foyer, il doit se résigner à sacrifier quelque argent.

C'est un couple qui aura des discussions d'argent.

Monsieur Capricorne est un personnage imprégné de principes et qui vit méthodiquement. A côté de lui, une madame Sagittaire a l'air d'une personna archi-bohème et sans aucun sens commun. Pourtant, ils se sont tant aimés; est-ce que pour le vil argent ils vont se disputer ? C'est possible.

Monsieur Sagittaire devant madame Capricorne

Le Capricorne influe sur la partie de l'horoscope de

monsieur Sagittaire relative à l'argent et aux possessions matérielles.

La planète dominante du Capricorne est Saturne. Conjugué avec Jupiter, planète du Sagittaire, cela apporte une grande intuition au sujet des questions financières.

L'union entre monsieur Sagittaire et madame Capricorne peut conduire ce couple à un sommet, ou très bas. Il n'y a pas de milieu.

Saturne et Jupiter représentent des pôles opposés, des extrêmes. La présence de madame Capricorne aidera monsieur Sagittaire à s'appliquer à des affaires pratiques, éventuellement commerciales.

Aux yeux de monsieur Sagittaire, pour qui la franchise totale est une attitude toute naturelle, madame Capricorne semble un peu étrange et inquiétante; c'est que, pour un Capricorne, le problème de la franchise est considéré sous un angle d'une grande complexité. Un Capricorne ne dit pas exactement quels sentiments il éprouve parce ce qu'il a trop de pudeur, et ce sentiment, par ailleurs louable, le conduit à des propos obscurs, susceptibles éventuellement de jeter un doute dans l'esprit de son partenaire. Que monsieur Sagittaire le sache, et il en s'en inquiétera pas.

Madame Sagittaire devant monsieur Verseau

Lorsque madame Sagittaire se lie d'amitié avec monsieur Verseau, on peut considérer que c'est un événement charmant. Dès les premiers mots échangés, elle s'est accordée avec cet homme dédaigneux des conventions, sans préjugés ni prétentions. Puis elle découvre qu'il est absolument désintéressé et capable de beaucoup de gentillesse. Alors, sans même y penser, elle se met à l'aimer.

Monsieur Verseau, dès qu'il fait la connaissance de

madame Sagittaire, admire profondément son indépendance. Tant de gens se sont arrangés pour être dépendants ! Et surtout tant de gens dépendent de lui. Devant le détachement de madame Sagittaire, il se prendra à espérer qu'elle n'exigera pas l'éloignement de ces gens. Alors, c'est certain, ils pourront devenir de très grands amis.

Cette amitié deviendra très vite de l'affection et de l'amour. Monsieur Verseau appréciera la solidité physique et morale de madame Sagittaire. Il aurait tant détesté une femme faible et sotte ! Son indépendance lui donne des possibilités de s'organiser sans faire appel à lui à tout instant; il devine qu'elle le laissera tranquille avec les menus problèmes de la maison et celui lui plaît.

Mais il se trouvera qu'au bout de quelque temps madame Sagittaire appréciera de moins en moins ce curieux état d'esprit de monsieur Verseau qui n'a ni métier, ni profession bien définie, mais qui s'occupe toujours de choses très élevées. Lui, ce qu'il lui faut est plus grand que la richesse, la célébrité, le bonheur. D'ailleurs, il ne serait pas en mesure de définir clairement ce que c'est, mais à quoi bon le lui demander puisque madame Sagittaire, elle, cherche des satisfactions bien plus accessibles dans la vie.

Elle sait que tout ce qu'il fait est bien, juste, loyal; mais comment peut-elle continuer à supporter qu'il s'intéresse à tous les canards boiteux avant de se tourner vers elle qui s'aigrit et se désespère? Les hommes sont tous les mêmes; ils épousent une fille adorable et puis n'ont de cesse qu'elle ne devienne une femme insupportable, lasse et épuisée; alors, ils s'étonnent et se posent une foule de questions.

Cependant, le confort journalier n'est pas tout dans la vie et il est possible que madame Sagittaire se convertisse aux idéaux de son monsieur Verseau et le suive dans son action. Il est possible aussi qu'il réussisse malgré lui à se faire une situation...

Monsieur Sagittaire devant madame Verseau

Le Verseau agit dans l'horoscope du Sagittaire sur le secteur relatif aux voyages de courte distance, aux décisions rapides, à la curiosité intellectuelle. Sa planète dominante est Uranus. Celle de monsieur Sagittaire est Jupiter. Ces deux astres se conjuguent favorablement pour créer l'enthousiasme, le goût des aventures, des changements subits, des voyages. Les deux signes s'attirent nettement.

Si monsieur Sagittaire aime les voyages, et son signe nous le dit, il sera comblé avec madame Verseau qui les aime aussi et qui l'y entraînera.

Une seule objection : monsieur Sagittaire sera tenté d'être partout à la fois et il risque d'abuser de ses forces. Il voudra faire sa carrière et suivre son épouse dans ses diverses fantaisies; il faudra qu'il se dresse un emploi du temps très strict s'il ne veut pas finir avec un infarctus.

Madame Verseau est prête à aider et à soutenir monsieur Sagittaire dans toutes ses tentatives, et elle va l'encourager à écrire. Elle fera jaillir de lui des dons dont il ne se doutait même pas.

Des problèmes peuvent venir de la famille de monsieur Sagittaire qui ne verra pas d'un bon œil la présence de madame Verseau. Il est probable que tous deux vont passer outre et qu'ils seront heureux ensemble.

Madame Sagittaire devant monsieur Poissons

Cher monsieur Poissons ! Il est attirant, charmant, insaisissable. Pendant une semaine, il a fait une cour assidue à madame Sagittaire, et puis, sans explications, il a disparu. Après quelque temps, il reparaît dans son univers, et le miracle c'est qu'il poursuit la conversation comme s'il ne s'était rien passé. Il parle des mêmes livres, des mêmes pièces, etc. Il y a aussi son humeur. Un jour follement gai, il sera au plus noir désespoir le lendemain. Personne ne sait pourquoi. Il est étrange mais fascinant.

Madame Sagittaire ne tarde pas à ne plus pouvoir se passer de lui. Il a, d'ailleurs, l'air d'être très amoureux d'elle. Et pourtant, de-ci de-là, il file à la nage hors de son cercle habituel et personne ne sait ni où ni pourquoi. Peut-être craint-il de trop s'attacher ou peut-être madame Sagittaire a-t-elle plaisanté et il n'aime pas cela ?

Il désire madame Sagittaire sans la désirer. Si elle se marie avec lui, ce qu'il lui demandera lorsqu'il pensera ne plus pouvoir se passer d'elle, ils passeront la plus grande partie de leur temps à faire des comptes. Il va mettre sa patience à dure épreuve et, si madame Sagittaire ne veut pas travailler plus que lorsqu'elle était libre, il faut qu'elle laisse partir monsieur Poissons.

Madame Sagittaire est une personne directe; elle sait ce qu'elle est, ce qu'elle veut, où elle va et, comme elle est franche, elle ne le cache pas. Il n'en va pas de même avec monsieur Poissons.

La personnalité de monsieur Poissons est innombrable. Une véritable multitude l'habite. Des êtres absolument divers. Des personnages qui se contredisent les uns les autres.

Il est excessivement sentimental et, l'instant d'après, un véritable iceberg. Il est outrageusement égoïste et, brusquement, il fait preuve d'un infini désintéressement. Il est un homme extrêmement aimable et sympathise avec les amis de madame Sagittaire, puis, tout à coup, il devient horriblement jaloux. Il n'écoute pas toujours ce que dit sa femme mais, si elle a un mot un peu brusque, il est au désespoir. Celui-là, justement, il l'a entendu !

Devant l'activité de sa femme, il se sent épuisé. Puis, comme madame Sagittaire est pleine de gaieté, de verve, il finit par la suivre et devient aussi actif qu'elle. Deux jours plus tard, il ne bougera plus.

En ce qui concerne l'argent, il n'a pas de graves problèmes; dès qu'il verra que madame Sagittaire sait compter et gérer ce bien, il lui en laissera le gouvernement. En somme, un personnage près de qui on ne risque pas de trouver la vie monotone.

Monsieur Sagittaire devant madame Poissons

Une union avec une dame Poissons peut modifier du tout au tout la manière de voir de monsieur Sagittaire. Le signe des Poissons habite la maison du Sagittaire relative au foyer, aux projets à long terme, à la sécurité. La planète de ce signe est Neptune. Celle du Sagittaire est Jupiter. Leur réunion ouvre au Sagittaire de nouveaux horizons.

En épousant madame Poissons, monsieur Sagittaire renoncera à son passé et commencera une vie nouvelle. Les deux signes ne sont pas en parfaite harmonie, mais il y a quelque chose en faveur du foyer.

La présence de Neptune dans les Poissons crée un climat de rêve, d'illusion, d'erreur, parfois.

Madame Poissons, elle, voit dans son union avec monsieur Sagittaire un élément rassurant car elle constate qu'il a bien des possibilités réalisatrices. Il semble que l'un et l'autre ne poursuivent pas les mêmes buts. Ils doivent être assez mûrs pour se modifier ou s'adapter l'un à l'autre, cela ne se fera pas tout seul ni spontanément.

Il se peut que quelques conflits troublent leur existence quotidienne, mais si monsieur Sagittaire renonce à son indépendance excessive, il sera en mesure de mieux comprendre son Poissons.

LE MISANTROPE.

Chapitre III
Le bonheur pour un Sagittaire

Le Sagittaire est placé sous l'influence de la planète Jupiter. Peut-on rêver mieux quant à ses chances dans la vie ?

Avec leur sens de la philosophie, leurs idées élevées, leur goût pour les exercices physiques et le sport, leur facilité à partir en voyage et à tenter des aventures lointaines, les Sagittaire sont très bien armés pour tracer leur route ascendante, parfaitement nette et sans grands risques.

S'ils réussissaient tous, la répartition des éléments constituant nos destinées serait un peu injuste. Comment un signe du Zodiaque peut-il être plus favorisé que les autres, alors qu'on remarque au contraire une grande logique et une non moins grande égalité dans l'attribution des capacités de chacun de nous ?

En fait, les Sagittaire n'ont ni plus de dispositions, ni davantage de chance que les natifs des autres signes, d'une façon générale, dans la vie; mais les éléments dont ils disposent font l'envie des natifs des autres signes.

Quel usage en font-ils ?

C'est là certainement que gît la difficulté; c'est là qu'ils commettent leur part d'erreurs.

Comment on peut détruire ses chances

Les divers commentateurs sont d'accord; s'il y a un élément de chance dans une affaire, il bénéficie à un Sagittaire !

Tel on le pense, tel on le dit... comme l'Alceste de Molière.

Partout où se trouve un natif du Sagittaire, tout se met à vibrer et à évoluer selon un rythme plus rapide. Le style de vie, le comportement social d'un Sagittaire a une influence directe et immédiate sur le comportement des personnes présentes. Indifférent à l'opinion de son auditoire, le Sagittaire raisonne à haute voix. Ceux qui écoutent sont impressionnés et sentent naître en eux des goûts et des projets nettement marqués des audaces sagittariennes.

On ne voit pas un Sagittaire se mêler à une foule insipide et sans idées; on ne le voit pas partager des festivités sans queue ni tête et perdre son temps et sa santé; il n'en a pas besoin, car il n'a pas besoin de diversion : sa propre vie, sa propre personnalité lui suffisent. Avec la chance insolente qui est souvent la sienne, on le comprend. Qu'un infect canasson gagne le tiercé, c'est justement le jour où monsieur Sagittaire l'a joué. Qu'il connaisse bien ou mal la Bourse, monsieur Sagittaire « sent » le coup où il peut gagner et il en profite. Il a évidemment Jupiter avec lui.

De son côté madame Sagittaire est une femme heureuse en amour. Toute sa jeunesse a été marquée par une grande facilité à s'entourer de garçons agréables qui l'adoraient et elle n'avait que l'embarras du choix pour trouver, à chacune de ses sorties, le plus beau jeune homme de la réunion pour l'escorter.

Mais peut-être n'est-ce pas tellement bon d'avoir trop de chance...

On ne voit pas que les natifs de ce signe aient acquis jusqu'à présent une quelconque suprématie sur les autres mortels. Pourquoi ?

Essayons de trouver les réponses à cette question.

Disons d'abord qu'il y a dans tout Sagittaire un très grand esprit d'indépendance. Tous les natifs de ce signe ont le sentiment merveilleux de faire ce qu'ils croient bien et juste, en dépit des actions et du jugement du reste de l'humanité. C'est quelquefois un peu audacieux et c'est souvent une erreur. On sait bien qu'il faut s'insérer dans le « système » et que celui qui s'y refuse absolument s'attire toujours quelques ennuis.

Le Sagittaire, sûr de lui et de son intelligence, doué par surcroît d'une profonde intuition et de quelques prémonitions, voit toujours clair dans le jeu et les propos des autres et s'aperçoit immédiatement des hypocrisies, des mensonges et des exagérations. Fort de sa bonne foi, il le dit, et même à haute et intelligible voix, ce qui lui attire en général des répliques assez dures, des rancœurs durables et des incidents regrettables. Mais cela n'entame en rien la clarté du regard du Sagittaire, qui, le front serein et la voix innocente, déclare :

– Comment peut-il se fâcher à ce point ? N'ai-je pas raison en lui disant qu'il nous ment et que son jeu est déloyal ?

« Puisque je m'en aperçois, ne vaut-il pas mieux le lui dire ? Que les gens sont donc compliqués ! »

Tout s'arrêterait là. Mais, dans un milieu où l'on est appelé à se retrouver, on devine quels courants d'air glacé s'infiltrent dans le cercle où pérore encore le personnage accusé de déformer volontairement les faits dès qu'arrive, souriant et naturel, notre Sagittaire.

Cette manie d'annoncer tout d'un coup que l'on s'est aperçu des mensonges et des combinaisons douteuses d'un autre nuit généralement beaucoup au Sagittaire; il est des vérités qu'il faut garder secrètes pour rendre possible la vie en société.

Il y a plus et mieux.

Lorsque le Sagittaire, par ses paroles trop franches, a irrité un ami plus encore qu'il ne l'a contrarié, et lorsqu'il reçoit, en retour, autant de « quatre vérités » qu'il vient d'en énoncer, et parfois plus pour faire bonne mesure, il se met à tonner comme Jupiter lui-même et se laisse aller à une réaction spontanée sans chercher à se retenir le moins du monde. Signe de Feu, il lance des étincelles, il s'enflamme, il incendie l'entourage et peut en un instant réduire en cendres la plus précieuse amitié.

La rupture est consommée, l'ami est perdu, mais cela ne trouble pas le Sagittaire. Gâcher des amitiés, c'est un luxe qu'il peut se permettre car, des amis, il s'en fait de nouveaux à longueur d'année. Dès qu'il désire devenir l'ami de quelqu'un, il s'avance, il dit quelques mots, et c'est chose acquise : on l'adore. Cela durera jusqu'au prochain incident. Mais il en est des amitiés comme du mariage : elles ont leur lune de miel.

Pour conserver cet énorme potentiel de chance que le destin leur donne, les natifs du Sagittaire doivent faire leur examen de conscience, repenser aux incidents et aux éclats de colère par lesquels ils ont brisé des relations amicales et modifier leur comportement.

Comment se corriger de la franchise

Je crois les entendre, les Sagittaire, protester en lisant ce qui précède :

– Comment ose-t-on nous conseiller de devenir des êtres faux aussi répugnants que les autres ?

Il n'est pas question de conseiller à quiconque d'être faux. Il est question, simplement, de faire en quelques lignes un petit éloge de l'hypocrisie. C'est un problème qui n'a rien de nouveau, puisqu'il faisait l'objet, déjà, d'une discussion célèbre entre Philinte et Alceste dans *le Misanthrope*, de Molière :

PHILINTE

Il est bien des endroits où la pleine franchise
Deviendrait ridicule et serait peu permise;
Et, parfois, n'en déplaise à votre austère honneur,
Il est bon de cacher ce qu'on a sur le cœur.
Serait-il à propos et de la bienséance
De dire à mille gens tout ce que d'eux on pense ?

Et quand on a quelqu'un qu'on hait ou qui déplaît ?
Lui doit-on déclarer la chose comme elle est ?

ALCESTE

Oui.

PHILINTE

Quoi, vous iriez dire à la vieille Émilie
Qu'à son âge il sied mal de faire la jolie,
Et que le blanc qu'elle a scandalise chacun ?

ALCESTE

Sans doute.

Alceste a raison, selon l'optique sagittarienne. Tel on le pense, tel on le dit, et qui se fâche n'est point digne du nom d'ami.

Et puis, un jour, on se demande pourquoi, avec une chance insolente, on n'arrive pas à faire une carrière valable...

Pour conserver quelques amitiés, il est préférable de ne pas enfourcher son grand cheval de bataille à propos de tout, c'est-à-dire à propos de rien. Si, dans un groupe, quelqu'un s'exprime d'une manière qui contrarie le Sagittaire, que ce dernier se pose en silence la question : « Crois-tu que si cette personne ment, c'est à ton intention ? Non. Probablement pas. Crois-tu que les autres personnes qui l'écoutent ne savent pas qu'elle ment ? Si, elles s'en doutent certainement. Vont-elles le lui dire à haute voix ? Non. Alors, pourquoi veux-tu le faire ? Sais-tu si cela pourra être utile à toi ou à un autre ? Alors, tais-toi. Puisque tout le monde le sait plus ou moins, ne dis rien et reste calme. Note simplement dans ta mémoire de retirer ta confiance à cette personne et reste tranquille : c'est la vie. »

S'il est absolument nécessaire que notre Sagittaire exprime clairement au menteur qu'il a deviné son jeu, qu'il fasse en sorte d'employer pour ce discours des paroles voilées que peut-être chacun comprend, mais que l'on peut faire semblant d'ignorer, ce qui sauve la face. Le Sagittaire devrait imiter nos politiciens : s'ils ont bien entendu et bien saisi ce que leur adversaire vient d'exprimer, il leur semble, sauf erreur, etc. Dans les cas les plus flagrants, il arrive que l'on parle de « contre-vérité », mais le mot « mensonge » n'est jamais prononcé. Ni celui de tromperie.

Que le Sagittaire s'imprègne de quelques notions de diplomatie, de courtoisie, et qu'il apprenne aussi à dominer ses accès de colère.

Si brillante que soit une personne, elle perd tout son prestige dans la colère.

La colère est une folie temporaire; sachez-le, Sagittaire et gardez intacte votre raison !

Les natifs des dates limites du Sagittaire

(Si votre anniversaire n'est pas dans ces dates limites, ce paragraphe ne vous concerne pas.)

Si l'anniversaire est entre le 22 et le 25 novembre

Le natif est bien un Sagittaire, mais avec des tendances Scorpion. Ses planètes directrices sont Mars et Jupiter, ce qui implique courage et grande endurance physique. Il assume souvent trop de responsabilités et cela tend à l'abattre. Il est souvent incompris et critiqué. Mais il possède une grande réserve d'énergie et sera en mesure de surmonter les nombreux obstacles de sa route.

Si l'anniversaire est entre le 19 et le 21 décembre

Le sujet est né Sagittaire, avec des tendances du Capricorne. Ses planètes directrices sont Jupiter et Saturne. Ils sont géniaux, vifs, spirituels et bien informés. Ils ont beaucoup de talents et, pour cela, ils sont critiqués.

Ils ont un grand sens du devoir et acceptent les responsabilités comme une chose naturelle. Ils sont dignes, honorables et capables.

Ils ont une bonne imagination et c'est rapidement qu'ils exécutent leur travail. S'ils peuvent suivre leur inspiration, ils ont de grandes chances de succès.

Ils ont une personnalité forte et magnétique. Et ce sont des gens discrets.

Les décans du Sagittaire

Si l'anniversaire est entre le 22 et le 30 novembre

Votre planète personnelle est Jupiter. Elle influence les tendances morales et affectives. Vous avez des qualités intellectuelles d'un niveau élevé, avec un sens puissant de la justice et une grande sagesse dans les affaires commerciales et personnelles.

Particulièrement sensible, vous êtes attiré par la tendresse, l'amour, la fidélité.

Si l'anniversaire est entre le 1er et le 11 décembre

La planète personnelle, pour ce décan, est Mars, symbole de la guerre et centre de l'énergie divine. Mars dirige les tendances constructives, aventureuses, courageuses et agressives, et il incline le sujet à devenir ambitieux, fort et courageux. Mars encourage le sujet à atteindre par le chemin le plus énergique le but de ses ambitions. Grand succès dans les affaires et le monde social.

Si l'anniversaire est entre le 12 et le 21 décembre

La planète qui influence ce décan est le Soleil. C'est donc le centre du système solaire et le dispensateur de la vie et de l'individualité. Il influence la dignité, la loyauté, l'honneur et l'ambition. Il apporte un grand désir de réforme, une nature enthousiaste, la capacité de diriger et même de gouverner les autres. Ces natifs sont pleins d'idées nouvelles. Ambition personnelle et fortune, particulièrement si le natif veut essayer de dominer certaines caractéristiques négatives du Sagittaire.

Les degrés du Sagittaire

22 novembre. Les natifs de cette date ont une nature intuitive prophétique, recherchant constamment davantage de connaissances. Ils auront de la chance en matière commerciale ou scientifique, mais des difficultés sentimentales. Talent exceptionnel pour la philosophie.
23 novembre. Si ce jour est votre anniversaie, vous êtes pratique, capable de réaliser vos idées avec les plus grandes chances en travaillant pour les autres; vous rencontrerez des obstacles, mais vous les surmonterez.
24 novembre. Les natifs de ce jour montrent une grande largeur d'esprit, un bon naturel, mais doivent lutter contre un tempérament d'errant. Des capacités artistiques et des chances de succès dans cette branche.
25 novembre. Si votre anniversaire est ce jour, vous

êtes affectueux et démonstratif; vous aimez le foyer et la famille; et vos chances sont dans l'électronique. Méfiez-vous de vos amis.

26 novembre. Les natifs de ce jour ont des facultés créatrices, une inspiration artistique et même une vue prophétique des faits et une grande habileté à surmonter les obstacles. Le succès les attend au bout d'une vie plutôt difficile.

27 novembre. Si ce jour est celui de votre anniversaire, vous êtes persuasif, vous savez influencer les autres et vous avez, aux yeux du sexe opposé, beaucoup d'attraits. Votre vie doit être une succession de bonnes et mauvaises fortunes, et une succession de joies et de peines.

28 novembre. Ceux qui sont nés à cette date ont une nature harmonieuse, savent se faire des amis avec leurs propres adversaires tant est grande leur habileté. Ils feront des progrès lents mais sûrs. Un des aspects de cet horoscope montre qu'un parent âgé vous aide à réussir.

29 novembre. Les natifs de ce jour ont un sens aigu des réalités et des prémonitions qui leur évitent des difficultés. Des ennuis dans la famille. Ils aiment trop le plaisir et l'agitation, et ils auront intérêt à s'en corriger.

30 novembre. Si vous êtes né ce jour, vous avez une personnalité complexe; vous disposez de la capacité de vous concentrer, mais vous êtes entêté et d'une hardiesse folle. Vous subirez des épreuves dans votre vie, mais vous serez aidé. Le bonheur et la réussite dépendront largement de votre éducation première.

1er décembre. Si votre anniversaire est ce jour, vous avez beaucoup d'ambition, un grand amour de la vérité et de la justice. Vous ferez un héritage, mais vous devrez subir des revers qui seront pour vous des toniques, vous donnant un nouvel élan.

2 décembre. Si vous êtes né un 2 décembre, vous êtes très probablement un penseur profond, un cœur

généreux, mais il vous arrivera de faire des jugements erronés. Prenez garde aux accidents. Votre vie sera pleine d'événements.
3 décembre. Les natifs de ce jour sont sensibles mais agités. Ils feront toujours preuve d'une très grande franchise, de prudence et d'énergie. Le succès ne se laissera pas facilement atteindre par eux.
4 décembre. Ceux dont ce jour est l'anniversaire auront une vie active, avec beaucoup d'expériences, une succession de succès et d'échecs dus à l'audace. Un heureux hasard peut vous faire réaliser une grande fortune.
5 décembre. Si ce jour est votre anniversaire, vous êtes sagace, capable, efficient, travailleur. Un élément secret dans votre vie se développe et vous aide. Vous êtes destiné à un bon mariage.
6 décembre. Les natifs de ce jour ont un esprit bien équilibré, avec un point de vue intellectuel sur la vie. Un aspect de cet horoscope indique un chagrin causé par une aventure romanesque.
7 décembre. Si votre anniversaire est ce jour, vous avez un esprit indépendant, avec un grand besoin d'agir en liberté; vous êtes capable d'acquérir de nombreuses connaissances sans peine; vous subirez des déceptions à cause de vos beaux-parents.
8 décembre. Les natifs de ce jour ont un esprit philosophique et critique, adaptable et ingénieux. Ils pourraient être journalistes. Vous avez certaines chances, mais il faut veiller sur votre santé.
9 décembre. Si vous êtes né à cette date, vous avez une nature ingénieuse, avec des goûts raffinés et artistiques. Vous compterez beaucoup d'amis du sexe opposé. Vous avez des chances de devenir célèbre dans le monde littéraire.
10 décembre. Si vous êtes né à cette date, vous avez probablement un caractère ambitieux, agressif, énergique moralement et physiquement, et tendance à oublier vos bonnes résolutions devant le sexe opposé.

11 décembre. Natifs du jour, vous êtes exceptionnellement fortunés, populaires, naturellement bons et sincères. Vous faites d'excellentes prévisions en affaires, mais ne permettez pas au succès de déformer votre jugement.
12 décembre. Les natifs de ce jour ont les qualités souhaitées pour réussir dans la politique. Qu'ils s'efforcent de ne pas susciter la jalousie ou l'envie des autres.
13 décembre. Les natifs de ce jour ont un caractère fort et un cœur affectueux. Leur vie sera faite de vicissitudes, mais changera radicalement à un certain moment. Ils ont des tendances à gauche en politique, mais une gauche libérale.
14 décembre. Si votre anniversaire est en ce jour, vous êtes ingénieux, volage et versatile; vous avez de belles qualités psychiques et des dispositions sympathiques, mais soyez prudent, car votre horoscope signale des dangers.
15 décembre. Les natifs de ce jour disposent d'une puissante vitalité, d'un bon naturel, du sens de l'hospitalité; ils sont loyaux et romanesques. Ils auront une carrière lucrative dans des arts comme le théâtre, la littérature ou la musique.
16 décembre. Si vous êtes né ce jour, vous faites preuve de beaucoup de raffinement, de bonté, de gaieté et vous êtes très sympathique. Vous aimez la vie. Vous avez un tempérament poétique et sensuel. Vous aurez à assumer de lourdes responsabilités.
17 décembre. Né ce jour, vous avez le caractère fort, un grand désir de renommée. Vous y arriverez par la littérature, mais on vous jalousera.
18 décembre. Les natifs de ce jour ont un caractère empreint de sensibilité; ils aiment la famille et le foyer, mais ils sont destinés à voyager.
19 décembre. Les natifs de ce jour doivent s'attendre à une carrière éprouvante; le courage et la foi les aideront. Parce qu'ils sont bons et charitables, on

tentera de se servir d'eux. Réussite professionnelle. *20 décembre*. Natifs de ce jour, vous avez un bon naturel et vous jetez sur la vie un regard positif. Il faut vous méfier du feu, des machines, des explosifs, des armes. Vous aurez une grande entreprise et peut-être ferez-vous partie du gouvernement de votre pays.

L'écriture du Sagittaire

L'écriture du Sagittaire se présente avec une mise en pages différente selon les individus : les uns sont larges, équilibrés, conformistes; leur texte est disposé classiquement, clairement, avec des lignes parallèles et des marges bien équilibrées; d'autres sont moins stricts dans la disposition du texte. Mais tous ont une écriture ferme et bien caractérisée.

On remarque en général, dans l'écriture du Sagittaire, une tendance à terminer les N et les M majuscules par des petites barres à angle droit au bout du dernier jambage. C'est la marque d'un esprit de justice.

Chez un grand nombre d'entre eux, on trouve la lettre *d* minuscule non classique dans sa boucle et dont l'extrémité, qui monte de bas en haut, se termine avec un crochet à droite.

Ce qui constitue la véritable marque de l'écriture du Sagittaire, c'est la barre du *t* minuscule. Le Sagittaire barre toujours fermement ses *t* d'un trait net, court, appuyé, ferme. Il s'agit d'une volonté agissante, s'appliquant généralement sur soi-même. Si la barre est placée très haut sur le *t*, la volonté cherche à s'imposer aux autres.

La fermeté et la régularité de cette écriture la rendent en général agréable à lire.

La main jupitérienne

La main du Sagittaire est belle de proportions, plus

Willy Brandt.

large vers la base, c'est-à-dire au poignet, plus effilée vers l'extrémité des doigts. C'est la main d'un être qui sait apprécier toutes les joies de la vie; ses doigts sont plus longs que sa paume parce que c'est aussi la main de quelqu'un de précis; les doigts sont lisses et les articulations sans nœuds, ce qui est un signe de bienveillance, mais leurs extrémités sont assez carrées, signe d'autorité. Ici, nous avons l'occasion de faire une remarque présentant un intérêt direct.

Il se peut que, dans le cours de notre vie, l'aspect général de votre main se modifie. Lorsque vous la regardez, les doigts allongés et droits, collés les uns aux autres, vous ne voyez aucun jour entre eux : c'est un signe de prévoyance, d'économie. Il arrive chez les natifs de ce signe que cet aspect se modifie et que les doigts maigrissent; il faut bien le noter car cela indique qu'il y a un changement psychologique qui se produit chez vous : vous devenez insouciant, vous perdez toute ambition, vous commencez à avoir du dédain pour la vie pratique. Ce n'est pas bon. Il faut que vous fassiez un sérieux examen de vous-même et que vous trouviez d'où vient ce changement et, ensuite, que vous luttiez contre vos nouvelles tendances si vous ne voulez pas faire naufrage au cours de cette traversée qu'est la vie.

Ainsi considérée, votre main est une précieuse indication.

Le meilleur style de vie

Pour vivre heureux et en concordance avec vos tendances profondes, tenez compte de votre signe solaire.

Pour un natif du Sagittaire, l'existence la plus agréable est citadine. Il aime vivre dans une grande ville et en appartement, de préférence en location, car il veut pouvoir en changer et ne pas se sentir lié par la propriété immobilière. D'autre part, il n'aime pas la maison individuelle, car les soins qu'on lui doit apporter constituent un lien, une entrave à sa liberté.

Son appartement, tout en demeurant naturellement soumis aux impératifs posés par le niveau des ressources, lui sera plus agréable s'il est d'un style classique et de lignes logiques et nettes. Il semble, Sagittaire, que le style Empire vous aille bien. Peut-être vous irait encore mieux un style Directoire-Consulat, c'est-à-dire tout au début de cette époque à lignes droites qui a suivi le Louis XVI et qui a précédé l'engouement pour l'Égypte...

Dans la pièce où vous vous tiendrez le plus souvent, ajoutez cependant, quel qu'en soit le style, un ou deux fauteuils très confortables dans lesquels vous vous sentirez réellement à l'aise.

Vous aimerez avoir une cheminée qui tire bien et dans laquelle vous vous offrirez le luxe d'un feu de bois très brillant que vous aimerez alimenter, même s'il est superflu.

Comme vous ne dédaignez pas une bonne table, vous aurez une véritable salle à manger, avec une table et des sièges confortables, la possibilité de recevoir plusieurs personnes, des nappes gaies et une vaisselle fleurie.

Les tissus de votre ameublement seront épais, lourds, doublés et capitonnés, dans des teintes vert Empire ou violet foncé. De belles gravures représentant des chevaux en plein élan vous plairont et vous apprécierez le buste d'un philosophe ornant le haut de votre bibliothèque ou votre cheminée.

Dans cette installation, vous apprécierez d'avoir un coin à vous où vous pourrez lire tranquillement de beaux et bons livres, peu nombreux, mais jamais choisis au hasard; si vous le pouvez, vous vous offrirez de belles reliures.

Dans un tel ensemble, il vous sera plus facile de mener un existence harmonieuse et sage, dont vous

La peur ancestrale des jours froids.

vous évaderez de temps à autre pour un galop sauvage dans la nature et où vous reviendrez, apaisé, avec d'autant plus de joie.

Pour vivre mieux, voici quelques suggestions

Les natifs du Sagittaire sont gourmands et gourmets, et leur appétit n'a pas besoin d'être sollicité par le décor. Cependant, ils tiennent à ce décor dans lequel les aliments leur paraissent plus succulents.

Le Sagittaire préfère aux grillades les plats longuement cuisinés et mijotés. Il aime parfois mettre la main à la pâte et ses recettes ne sont pas simples. Sans être attaché comme les natifs de la Vierge à posséder un placard à provisions parfaitement garni, il n'aime pas laisser ce problème au hasard.

Le Sagittaire se délecte volontiers, en saison, d'un bon gibier. En tout temps il apprécie les pâtisseries, les mets exotiques; tout cela arrosé des bons crus qui conviennent. Et il trouve encore plus de plaisir au repas s'il a pu y inviter des amis.

Le Sagittaire est, généralement, doté d'un bon appétit et, après un confortable déjeuner, il pourra goûter et se retrouver à table pour dîner avec un appétit renouvelé.

Un conseil vous est ici indispensable, Sagittaire : vous avez la réputation de manger trop vite, ce qui vous congestionne.

Il faut donc, dès l'âge mûr, ralentir la consommation de mets trop riches et de vins trop capiteux. Il n'est pas question de vous imposer un régime de restrictions, mais de vous rappeler seulement qu'il vaut mieux être raisonnable avant que ce régime ne devienne indispensable. On vous déconseille également les excitants comme le café, le thé et le tabac. Et, pour garder votre santé en bon état, n'oubliez jamais de vous reposer, car vous êtes nerveux, donc facilement surmené.

D'après vos astres, il serait bon que vous introduisiez dans votre alimentation des aliments siliceux, c'est-à-dire : jaune d'œuf, flocons de blé, blé complet, orge, seigle, flocons d'avoine, concombres, choux, pois, épinards, carottes, asperges, riz complet, raisin, figues, pommes, pêches, cerises, fraises, noix, amandes et... du lait de chèvre, ce qui est plus difficile.

Vos points sensibles sont : le foie, la circulation du sang, les vertèbres lombaires, les hanches et les articulations en général. C'est sur ces points qu'il faut que vous portiez votre attention et, si vous en souffrez, ne cherchez pas la cause de votre mal ailleurs que dans votre constitution, car les planètes en parlent.

Les maladies auxquelles, si vous n'étiez pas prudent, vous risqueriez de vous exposer sont : l'hépatite virale et chronique, l'ictère, la cirrhose, les abcès du foie, la sciatique, la cruralgie, la coxarthrose et les déséquilibres du bassin, les névrites.

Il est utile de s'inquiéter de l'état de santé à la constatation de symptômes comme nausées, vomissements, ballonnements, pesanteur de la région du foie, douleurs gastriques trois ou quatre heures après le repas, aérophagie, hypertension, fièvre permanente, céphalées, courbatures, coloration anormale des selles et embonpoint.

Pour rester en forme, on vous donne les conseils suivants : faites attention à ne jamais souffrir de blocage des vertèbres lombaires; pour cela, il est bon de consulter préventivement un kinésithérapeute.

Si vous ressentez une gêne ou une douleur dans le genou, cela peut être le signe d'un commencement d'arthrose de la hanche; il faut consulter le médecin.

Et maintenant voici quelques conseils d'hygiène et de médecine naturelle choisis spécialement pour les natifs du Sagittaire :

Boire une tasse par jour de la préparation suivante,

en période de lune décroissante : verveine, 30 g; feuilles de romarin, 30 g; racine de tormentille, 20 g; marrube blanc, 20 g; racine de chicorée, 20 g; feuilles de combret, 30 g; feuilles de menthe, 30 g; feuilles de sauge, 10 g. Vous faites préparer ce mélange par un herboriste; vous en utilisez une cuillerée à café pour une tasse ou quatre cuillerées à soupe pour un litre d'eau; vous faites bouillir trois minutes et laissez infusez ensuite sept minutes. Passez, buvez tiède ou frais.

Veillez à nettoyer de temps à autre votre foie; on conseille pour cela le jus de radis noir.

Surtout, faites toujours et régulièrement de l'exercice.

Conseils pour les enfants nés sous le signe du Sagittaire

Vous aimez votre enfant, vous le soignez, vous le nourrissez, vous voulez faire son éducation et son bonheur et, pour cela, vous avez noté sous quel signe il est venu au monde et vous vous êtes informé sur ce signe. Voici maintenant ce qui le concerne, lui, plus particulièrement.

Nous avons vu que le Sagittaire est avant tout un individualiste épris d'aventures et de grands espaces. Rien ne lui déplaît comme une vie sédentaire : manquant d'air, il s'étiole. Il a toujours envie de bouger. Signe de Feu, il est vif et remuant comme la flamme. Tenez-en compte et ne le grondez pas si, quand vous devez le garder à la maison, il est un peu... agité !

La planète qui gouverne le signe du Sagittaire est Jupiter. C'est celle qui influence la destinée de votre enfant.

Pour lui, le jour favorable sera le jeudi. Le dimanche, au contraire, sera un jour auquel il ne faudra pas trop se fier. Ce jour-là, vous pourrez évidemment le

Antoine de Saint-Exupéry.

sortir, le promener, le conduire voir ses grands-parents, etc. mais vous ne prendrez pas les grandes décisions le concernant. C'est le jeudi que vous le conduirez chez le médecin, le jeudi que vous changerez éventuellement son régime, son stule de vie, son habillement, le jeudi que vous prendrez pour lui les décisions qui peuvent engager son avenir, sa santé, son bonheur.

Connaissez ses chiffres bénéfiques, qui sont : 4, 14 et 24. Utilisez ces nombres toutes les fois que vous le pourrez pour tirer profit de leur impact. Inconsciemment, votre enfant sera sensible à leur ascendant sur lui et à leur influence bénéfique sur tout ce qui le concerne. Vous pourrez vous en servir dans la décoration de sa chambre, entre autres.

Vous avez en ce petit Sagittaire un enfant qui n'aime rien tant que le dépaysement. Pour les buts de ses promenades, changez de quartier : qu'il voie autre chose que ce dont il a l'habitude, qu'il puisse s'étonner et ouvrir son esprit à la diversité infinie des paysages, naturels ou urbains.

Vous aimeriez lui confier un animal vivant pour lui tenir compagnie; mais ses animaux préférés ne sont pas d'un élevage facile en appartement ! Ce sont le daim, le zèbre, le paon et le faisan ! Mais vous pouvez lui donner des images les représentant, des albums contant leur histoire, et leur reproduction en peluche !

Et puis vous le conduirez souvent au jardin zoologique pour qu'il s'amuse à voir ses animaux vivants et que vous puissiez avoir le plaisir de lui en parler.

Il y a des plantes qui sont favorables aux enfants du Sagittaire : la centaurée, la giroflée, le seringa, le hêtre, le frêne, le poirier, le bouleau et le tilleul. Dans vos promenades, recherchez-les, apprenez-lui à les reconnaître.

Et maintenant parlons des talismans. Les métaux favorables sont pour l'enfant né sous le Sagittaire l'étain et le fer. Vous pourrez lui procurer des objets en étain et en fer forgé; et si vous voulez lui faire un talisman, vous le ferez en étain. Sa pierre précieuse étant la turquoise, le talisman d'étain pourrait être serti d'une turquoise. Vous pourrez lui faire fabriquer ainsi un pendentif porte-chance.

Les couleurs qui lui sont favorables sont connues également : la principale est le violet; le bleu moyen est aussi très bon; cela le calmera s'il est coléreux. Ce violet, vous pourrez, bien que cette nuance soit inhabituelle, le faire figurer dans la décoration de sa chambre sous forme de motifs pas trop importants, ou de galons, ou comme couleur pour la moquette. Vous pouvez en doubler des rideaux bleus.

Sur lui, vous pouvez le faire figurer dans des imprimés à plusieurs couleurs et dans les boutons ou les passepoils de ses manteaux.

Ses parfums bénéfiques sont la violette si c'est une petite fille, le pois de senteur si c'est un petit garçon. Vous pouvez en faire préparer sous forme d'un alcoolat très dilué donc léger à utiliser en eau de toilette, ou bien, plus simplement, en parfumer son linge. Évitez l'eau de Cologne.

Il faut ajouter encore que votre enfant Sagittaire est né sous un signe de Feu : résultat, il sera peut-être frileux; il sera probablement très animé et très vif, parfois coléreux; enfin il craindra l'eau. L'eau n'est pas bonne pour lui. Il ne sera pas très sain de lui en faire boire beaucoup. Vous avez lu dans les pages qui précèdent que le Sagittaire adulte apprécie le vin et qu'on lui conseille le lait de chèvre. Votre enfant pourrait également apprécier le lait de chèvre si vous pouvez lui en procurer.

Ne le conduisez pas, sous prétexte que l'air y est bon, au bord de la mer : il n'y trouverait que des raisons d'être encore plus nerveux et peut-être d'y attraper des douleurs.

En suivant ces conseils, vous lui préparerez une vie heureuse de vrai Jupitérien.

ORIGINE DES ILLUSTRATIONS

Bibliothèque nationale : 2, 49, 57, 68, 100, 120 – Bibliothèque des Arts décoratifs / Jean-Loup Charmet : 24, 84, 168 – Bulloz : 26, 55, 117, 148, 154 – Jean-Loup Charmet : 17, 20, 29, 67, 77, 81, 88, 105, 113, 191 – Giraudon : 33, 61 – Roger-Viollet : 23, 39, 188 – Archives Snark : 13, 70, 83, 122, 140.
Atlas Photo/Martin : 22 / Merlet : 184 – H. Bordas : 8 – Gamma/Uzan : 92 / Vioujard : 180 – Magnum / Bar-Am : 96 – Rapho/Audrain-Samivel : 119 / Doisneau : 138 / Santos : 132 / Silvester : 37 / Zalewski : 129 – USIS : 40.

Achevé d' imprimer
sur les Presses de la
Société LITOPRINT, S. A.
à Fuenlabrada (Madrid)
le 30 juillet 1980

Dépôt légal 3ème trimestre 1980

N° d'Editeur : 607